Christina A. Veldhuis

Der Mops

Christina A. Veldhuis

Der Mops

Praktische Ratschläge für Haltung, Pflege und Erziehung

6. Auflage
mit 47 farbigen Abbildungen

NEUMANN-NEUDAMM

Das Kapitel „Gesundheit“ wurde von Dr. med. vet. Peter Brehm, das Kapitel „Ernährung“ von Dipl. vet. med. Lutz Salomon verfaßt.

6. Auflage

Schwalbenweg 1, 34212 Melsungen
Tel. 05661-9262-0, Fax 05661-9262-20
www.neumann-neudamm.de, info@neumann-neudamm.de

Printed in the European Community
Satz/Layout: J. Neumann-Neudamm AG
Titel: WAG Neue Formen, Kassel, www.neueformen.net, Titelbild aus dem Agenturarchiv
Bildnachweis: S. 11 aus dem Katalog der „Mopsiade 1973“; S. 19 Foto Krayer; S. 62 & 87 Dekkers-Heus, Capelle/Niederlande; S. 78 Janny C. Veldhuis, Amsterdam/Niederlande; Die übrigen Abbildungen stammen von der Verfasserin.
Druck und Weiterverarbeitung: SMP – Solutions & Media Providing, Kevelaer

ISBN 978-3-7888-0926-3

Inhalt

Vorwort

Spezielle Literatur über den Mops hat es in deutscher Sprache vor Erscheinen der 1. Auflage dieses Buches nicht gegeben. Es soll daher alle Liebhaber, Besitzer und Interessierten über Geschichte, Entwicklung, Anschaffung, Pflege und den Standard dieser liebenswürdigen und interessanten Rassehunde ausführlich informieren.

Es liegt mir am Herzen, das Wesen, den bemerkenswerten Charme, die hervorragenden Eigenschaften, die der Mops als Familienhund hat, und seinen besonderen Charakter zu schildern.

Zunächst wird auf die kulturgeschichtliche Bedeutung des Mopses hingewiesen. Sein Ursprung liegt in Asien. Aber bereits im 15. Jahrhundert wurde ein Hund dieses Aussehens durch Malerei und Literatur bekannt.

An den europäischen Fürstenhöfen wußte man um die Liebenswürdigkeit und die Eigenschaften dieses Hundes, und erst später kam er als sogenannter Schoßhund in die bürgerliche Familie. Nach einer kurzen Zeit des Niederganges hat man dann im 20. Jahrhundert wiederum das liebenswürdige Wesen des Mopses erkannt und schätzen gelernt.

Trotzdem rate ich nur denen zu züchten, die bereit sind, die Rasse zu pflegen und keine reine Vermehrung zu betreiben. Ich wünsche allen Lesern, daß das Buch Freude macht, zur Unterhaltung beiträgt und ein besseres Verständnis für diese Rasse weckt.

Arnheim, im Sommer 2004
Christina A. Veldhuis

Herkunft, früheste Geschichte und spätere Entwicklung

Man ist sich einig, daß der Mops aus Asien stammt, genauer gesagt, aus China. Schon lange vor Christi Geburt wurden in China kleine kurzhaarige Hunde mit großen runden Köpfen, Kulleraugen und verkürzter Schnauze gezüchtet (und beschrieben). Teilweise waren sie schwanzlos, teilweise mit Ringelschwanz.

Das besagt nicht, daß diese Hunde nun schon Möpse, wie wir sie heute kennen, gewesen sein müssen. Es waren aber eindeutig mopsähnliche Hunde, die zweifellos die Vorahnen unseres Mopses waren. Bereits im 9. Jahrhundert (Sung-Dynastie, 960 bis 1279 n. Chr.) war ein als Mops deutlich definierbarer Hund in China bekannt unter dem Namen „Lo-chi-ang-sze" oder auch „Lo-sze", und sicher bis 1914 existierte der Mops in China unter diesem Namen.

Bronzefigur aus China, um 1754, einen „Lo-chiang-sze" (Lo-sze) darstellend.

Mopsfigur aus Porzellan mit oranger Schleife und kupierten Ohren, um 1700.

Fraglich ist: Wie kam nun diese Hunderasse nach Europa, wo sie schon vor vielen Jahren weit verbreitet war? Eine klare Antwort werden wir darauf wohl nie bekommen.

Es boten sich für den Transport aus dem fernen Osten in unsere Hemisphäre zu einem früheren Zeitpunkt schon viele Möglichkeiten, da es bereits während der Han-Dynastie (206 vor bis 220 nach Chr.) Verbindungen über Land gab, und es ist gut denkbar, daß nebst Handelsware gewissermaßen als Geschenk auch Hunde zu uns geraten sind.

Da gab es doch den „Seidenweg", über den Porzellan, Seide, Lacke, Papier, Kunstgegenstände und so weiter gen Westen wanderten.

Wiederum später, zur Zeit der „Niederländisch-Indischen Kompagnie", wurden Seewege benutzt. Hier waren es Niederländer und Portugiesen, die alle Meere der Welt besegelten und außer Handelsware auch exotische Tiere als Kuriosa mit nach Hause nahmen. Mit seinem fremd anmutenden Aussehen gehörte sicher auch der Mops zu diesen Mitbringseln.

Die Existenz des Mopses in westlichen Ländern wurde ab etwa 1425 durch Zeichnungen oder Bilder anderer Art bestätigt. Unter anderem zeigt eine Zeichnung von Pisanello, die um 1900 Dr. K. Kniper vom Rotterdamer Zoo entdeckte, den Mops. Erwähnenswert ist zudem, daß etwa 1550 in Italien eine Volkskunst entstand, das italienische Volkstheater „Commedia dell'arte", in der statt eines Affen oder Pudels, der Mops eine Rolle zugeteilt bekam.

Mit Zweispitz, plissiertem Kragen und Glöckchen aufgeputzt, mußte er auf den Hinterbeinen seine Kunststükke machen. Die Mitglieder dieser Gesellschaften spielten „all'improvviso", und stellten Persönlichkeiten aus dem Alltag dar: „Dottore", „Arlecchino", „Petrucchio", „Colombine" und andere. Diese Art Volksspiele verbreiteten sich bald in anderen Ländern Europas, und der Mops hat seinen französischen Namen „Carlin" einem der Darsteller zu verdanken, der eine schwarze Kappe und schwarze Maske trug. Übrigens sind das deutsche „Kasperle-Theater", der niederländische „Poppenkast", der belgische „Poesjenellen-kelder"' und die „Punch and Judy show" in England Überbleibsel dieser „Commedia dell'arte".

Für die Gründer des niederländischen Mopsklubs war diese Historie Anlaß, ihren Verein „Commedia" (Vereniging van Fokkers en Liefhebbers van de Mopshond in Nederland) zu nennen.

Außer „Lo-sze" (Lo-chiang-sze) kennt man für den Mops, seit er in Europa ist, viele Namen: „Camuse" (sind Hunde mit verkürzter Schnauze), „Turquet", „Doguillo" (Spanien), „Gaganlino Camuso" (Italien), „Carlin" (Frankreich), später „Pug(dog)", aber auch „Dutch Mastiff" (England). Nur in Deutschland, in den Niederlanden und in Belgien heißt er seit jeher „Mops(hond)". Anzunehmen ist, daß sein Name etwas mit dem niederländischen Verb, „mopperen" (brummen oder brummeln) zu tun hat, da die

Bronzefigur von Hubert Gerhard, um 1600 (Staatliche Kunstsammlung Kassel). Dieser Mops begrüßte die Besucher der „Mopsiade" 1973".

brummelnden Geräusche, die Möpse außer Schnarchen im Halbschlaf von sich geben, an dieses „mopperen" erinnern lassen. „Sich Möpsen" (deutsch) oder „to mope" (englisch), was soviel heißt wie „sich langweilen", läßt sich wohl kaum auf unser lustiges Möpschen beziehen.

Interessant sind auch die vielen Anekdoten, die es in aller Welt über Möpse gibt. So soll nach Sir Roger William (1618) der Mops Pompey vom Prinzen Willem van Oranje (der Schweigsame genannt; 1533 bis 1584) in dem Heereslager zu Hermigny seinem Herrn mit lautem Gebell das Leben gerettet haben, als durch diesen Alarm der Prinz dem Attentäter noch rechtzeitig entkommen konnte. Seitdem war der Prinz nie mehr ohne einen Mops, und die Rasse war noch sehr lange eng mit dem Hause Oranien verbunden.

Der Urenkel des „Willem de Zwijgers", König-Statthalter Willem III., segelte mit Frau und Hofhaltung 1688 nach England, um dort den Thron zu besteigen. Eine große Anzahl Möpse wurde mitgeführt, alle mit einer Orange-Schleife um den Hals, die ihre Zugehörigkeit zu den Oraniern symbolisierte.

In Holland war zu der Zeit der „Patriotten en Prinsgezinden" der Mops das Sinnbild der letzteren (der Oranien-Anhänger), während der Spitz das Symbol der „Patriotten" war. Man nannte sich „Mopsen" und „Kezen".

Ein anderer Mops, der entweder aus Eifersucht oder aus Treue seine Herrin verteidigte, war Fortuné im Besitz der ersten Gemahlin Napoleons: Josephine de Beauharnais. Als Napoleon Bonaparte in der Brautnacht das Ehebett besteigen wollte, wurde er von einem wütenden Fortuné daran gehindert und ins Bein gebissen. Später soll er allerdings auch seinen Herrn verteidigt und ein Attentat auf den Kaiser verhindert haben.

Wurden die Möpse des Franzosen-Kaisers und des Oranien-Prinzen mit Namen in der Geschichte genannt, so war es der Mops des Herzogs von Württemberg, dem aus ganz anderen Gründen ein Denkmal gesetzt wurde. Um 1730 ging dieser kleine Hund bei der Türkenschlacht vor Belgrad im Kriegsgetümmel verloren. So unglaublich und unfaßbar es auch erscheinen mag, eines Tages tauchte der Mops wieder in seiner Heimat auf. Er hatte den weiten Weg nach Hause – möglicherweise unter großen Strapazen – wieder gefunden. Dieser Tatsache ist es zu verdanken, daß (nach seinem Tod) im Schloßgarten zu Winnenden zu seinen Ehren ein Denkmal errichtet wurde, das noch heute zu besichtigen ist. Den Grabstein ziert ein

Mops in Lebensgröße, zu dessen Füßen folgender Spruch in Stein gehauen ist:

So darf nach Deinem Tod hier dein Gedechtnus stehen
Mops, ausgehauener Mops! dis macht dein Hunds-Verstand,
Der sich mit smeichelnder Geschicklichkeit verband,
Und den so Herr als Knecht mit vieler Lust gesehen.
Du ruhst nunmero Mops von aller deiner Pein
Wie manchem rauen Wort, wie manchem Nasenstüber
Mops mußtest du nicht stets hier unterworfen sein,
Doch lehrte dich dein Witz dies in Geduld ertragen
Und weil du Hofmops warst, so dientest du der Zeit
Dein holdes Mäulchen blieb bei seiner Freundlichkeit
Und jede Miene wies, was du nicht konntest sagen.
Nebst allem diesem warst du ungemein getreu
Und was wir Liebs und Guts von Hunden melden können
Mit alle dem warst du o Mops geziert zu nennen.
Dies setzen wir hiermit dir statt der Grabschrift bey
Hat sich dein Hundsgeist längst zum Hundsstern hingeschwungen

Denkmal für den Mops des Herzogs von Würtemberg im Schloßpark von Winnenden.

So hast du es verdient und bleibst unfertrungen;
Hast du den Cerberum zu deinem Kameraden
So hüte sich dein Stoltz vor Schimpf, vor Bis und Schaden.

War der Mops also schon sehr früh allgemein in Europa verbreitet und eindeutig sehr beliebt, begann sein „Siegeszug“ erst recht im 17. Jahrhundert, denn zu dieser Zeit begann die China-Mode, die „Chinoiserie“. Sein fremd anmutendes, „exotisches“ Aussehen, sein lustiges Temperament, seine Treue und Anhänglichkeit haben sicherlich nicht unwesentlich zu dieser steigenden Popularität beigetragen. Und wenn man den Mops kaum als „schön“ bezeichnen konnte und er im

Grund als Hund zu nichts nütze war: nicht zum Jagen, nicht zum Hüten, kaum zum Wachen; dies alles konnte nicht verhindern, daß er ein heiß geliebter Familienhund wurde und überall dabei war, auch auf Familienporträts.

Wir haben es allerdings Papst Clemens XII. zu verdanken, der 1738 den Katholiken bei Strafe der Exkommunikation die Zugehörigkeit zur Freimaurerei verbot, daß wir heute noch sehen können, wie der Mops zu damaliger Zeit aussah.

Von Frankreich ausgehend entstanden auch bald in Deutschland Logen, die sich statt des Eides (der Freimaurer) mit dem Ehrenwort begnügten, die Frauen aufnahmen und die sich fast ausschließlich aus Angehörigen des Adels zusammensetzten. Einer dieser adeligen Gesellschaften war der „Mops-Orden", der von römischen Katholiken gegründet wurde, später aber wohl überwiegend Angehörige evangelischer Konfession zu seinen Mitgliedern zählte.

Der Mops, der gerade in diesen Kreisen vielfach gehalten wurde, galt damals nicht als etwas Belustigendes, Komisches, sondern als Symbol von Treue, Zuverlässigkeit und Standfestigkeit.

Die Angehörigen dieser Logen nannten sich ebenfalls „Möpse", und die Novizen und Novizinnen wurden

Unbekannter Meister, St. Petersburg, Mops als Riechdose in Gold/Silber mit Diamanten der Kaiserin Catharina von Rußland im Staatsmuseum in der Hermitage in St. Petersburg.

an Hundehalsbändern eingeführt. Um Einlaß zu erhalten, mußten sie an die Tür kratzen. Dann wurden sie mit verbundenen Augen neunmal um einen mit Symbolen geschmückten Teppich geführt, wobei die anderen „Möpse“ und „Möpsinnen“ großen Lärm machten und „bellten“, um die Standfestigkeit der Neulinge zu überprüfen. Anschließend in der Zeremonie mußte ein Mops (wohl aus Porzellan) unterm Schwanz geküßt werden, was vermutlich der symbolische Ausdruck völliger Hingabe war. Mitglieder dieses Mops-Ordens trugen einen silbernen Mops als Medaillon.

Einer der bedeutendsten Schirmherren des Ordens, Friedrich August II., Kurfürst von Sachsen, später König von Polen, besaß mehrere Porzellanfabriken und Möpse!

Bald gehörte es zum guten Ton, daß Mitglieder des Mopsordens sich mit Figuren aus feinstem Porzellan beschenkten, Menschengruppen darstellend, die mit Freimaurerattributen wie Kelle, Winkel, Richtscheit und Schurzfell hantierten oder sie trugen, und entweder liegt immer ein Mops auf dem Schoß der Dame oder einer den Herren zu Füßen.

Auch Möpse als Einzelfiguren wurden nach Modellen von Kaendler und anderen großen Meistern in Hülle und Fülle hergestellt. Desgleichen wurden

Ein silberner Mops als Medaillon für die Mitglieder des Mopsordens.

sie mit anderen, schon genannten Gebrauchsgegenständen wie Tabaksdosen, Riechfläschchen, Stockknäufen, Bonbonnieren und vielem mehr kombiniert.

In diesem Zusammenhang möchte ich die 1973 im Schloßmuseum zu Darmstadt veranstaltete „Mopsiade“ erwähnen, wo „Möpse“ aus drei Jahrhunderten zu bewundern waren. Diese anläßlich des 60. Geburtstages der Prinzessin Margaret von Hessen und bei Rhein veranstaltete Ausstellung zeigte Kunstgegenstände, die irgendwie mit Möpsen zu tun haben. Unter den 300 Objekten aus aller Welt befand sich sogar eine Sendung aus Moskau.

Ein reichbebilderter, von Frau Gudrun Illgen, der wissenschaftlichen Mitarbeiterin der Großherzoglichen Privatsammlungen zu Darmstadt, bearbeiteter Katalog ist uns als Erinnerung, an diese interessante „Mopsiade“ geblieben. Die vielen Porzellanfiguren

Donna Maria Barbara di Braganza mit Mops. Gemälde von Dominio Dupraz, 1725.

aus der Zeit der Mopsorden zeigen allerdings, daß man damals dem Mops die Ohren ganz abschnitt. Warum man die Treue und Anhänglichkeit des Mopses mit solch einer Verstümmelung honorierte, wird wohl ein Geheimnis bleiben.

Diese Unsitte hielt bis ungefähr 1880 an. Auf Wunsch des englischen Königs Edward VII. und seiner Gemahlin Alexandra wurde dann dieser Verunstaltung ein Ende gesetzt.

Der Mops war jahrhundertelang wohl die einzige Rasse mit kurzer Schnauze und Kulleraugen. Obwohl allgemein beliebt, war er mitunter schwer zu haben, was wiederum manchen Liebhaber dazu veranlaßt hat, Möpse mit Hunden anderer kleiner Rassen zu kreuzen, um einerseits bei denen Mopsmerkmale heranzuzüchten und andererseits die große Nachfrage nach Mopshunden, ob reinrassig oder nicht, befriedigen zu können.

Wie dem auch sei, im Laufe des 19. Jahrhunderts, dem eigentlichen „Jahrhundert des Mopses", kam die Dekadenz, zum Teil durch Kreuzen mit anderen Rassen, zum Teil durch falsche Haltung. Denn der Mops war nicht nur der Liebling des Adels, sondern wurde später auch der heißgeliebte Mittelpunkt des Biedermeierstübchens alleinstehender Damen. Die stopften ihn leider voll mit Konfekt und anderen Leckereien, so daß der einst aktive, muskulöse Mops sich umwandelte in eine pralle Wurst und sich vor Faulheit und Verfettung nicht mehr von seinem Seidenkissen rühren konnte.

Die Bildergeschichten von Wilhelm Busch haben dem Ansehen des Mopses noch mehr geschadet, weil er darin stets eine klägliche Rolle spielte; dumm, dick und gefräßig. Und so konnte der große Brehm schreiben: „Die Welt wird nichts verlieren, wenn dieses abscheuliche Tier den Weg allen Fleisches geht." Armer Mops …! Aber um die Jahrhundertwende kam dann doch die Rettung.

Die Rasse wird neu belebt

Blutauffrischung mit China-Importen

Die Rasse ging in das 19. Jahrhundert ein als kläglicher Rest von einst geliebten Familienhunden; degeneriert durch Kreuzungen mit anderen Rassen; verspottet als „dumme, dicke Töle", für die kein vernünftiger Mensch mehr Verwendung fand. Auch bei den

Oft wird behauptet, schwarze Möpse hätten weniger Ausdruck, weil die Gesichtsfalten schlechter sichtbar seien als bei dem gelben Mops. Dieses Foto widerlegt diese Behauptung.

Mopsfigur in Bronze, 1990 geschaffen von der Künstlerin Frau Kuypers van den Bosch. Sie stellt den hochtypischen Rüden Ch. Koert van Klawout, Weltsieger und Amsterdam-Winner aus der Zucht von Frau Hamer-Folsche dar.

Mitgliedern des Hauses Oranien war der Mops in Ungnade gefallen. Man hat es hauptsächlich Lord und Lady Willoughby d'Eresby und Mr. Morrison (England) zu verdanken, daß der Mops durch Blutauffrischung wieder neu belebt wurde und an Popularität gewann. Aber indirekt waren auch die Holländer und Russen daran beteiligt, denn Lord und Lady Willoughby importierten zwei russische Möpse aus St. Petersburg, die sie von einer Seiltänzerin namens Blondin kauften. Mit diesem Paar wurde die sogenannte „Willoughbystrain" gegründet. Möpse von dieser Linie sollen vom besten Typ und hoher Qualität gewesen sein.

Mr. Morrison importierte mehrere Möpse aus Holland aus rein gezüchteten Blutlinien. Während die Willoughbys eher hochbeinig und überpigmentiert waren, man konnte sie praktisch als „Pfeffer und Salz" betrachten, und sie zeichneten sich besonders aus in Kopfgröße, Aalstrich und Faltenbildung, erfreuten sich die Morrisons ihrer wunderschönen, klaren, warm gelben Farbe, sie hatten kräftigere Knochen, sollten aber mehr Falten zeigen und besseres Pigment.

Ungefähr 1860 kamen noch zwei aus dem von britischen Truppen eroberten kaiserlichen Palast in Peking „entwendete" Möpse hinzu, die von einem Marquis of Wellesley mit nach England genommen worden sind. Das Paar hieß Lamb und Moss und kam in die Hände von Mrs. St. John. Die Hunde waren sich ähnlich wie Zwillinge, wunderschön korngelb in der Farbe, etwas lang im Rücken und eine Spur niedrig gestellt. Mrs. Mayhew bekam einen Sohn dieses Paares: Click. Und dieser Click wurde Stammvater von ausgesprochen typischen Möpsen. Er erwies sich als sehr präpotenter Deckrüde, der in seinen Nachkommen und in Verbindung mit den schon gefestigten Blutlinien seine guten Eigenschaften unauslöschbar verankerte.

Eine uralte Rasse war wieder neu geboren, und auch diesmal auf internationaler Basis. Es kamen aber später (etwa 1878) noch mehr Möpse aus China hinzu, nämlich die von Lady Brassey mitgebrachten schwarzen Möpse, die – wenn auch schwarze Möpse schon vorher vereinzelt vorkamen – eine wahre Sensation waren. Sie unterschieden sich von den früheren schwarzen Möpsen nur dadurch, daß sie viel Weiß in ihrem Fell zeigten. Von einem kleinen weißen Stern auf der Brust bis zu einer ganz weißen Brust und oft weißen Füßen. Man sprach von „The mark of China".

Ein typischer Vertreter des altdeutschen Schlages: Mopsrüde Pandur von Paletot. Er stammt aus der Zucht der Gräfin von Arnim und wurde in den sechziger Jahren, im Wettkampf mit englischen und amerikanischen Import-Möpsen, vielfach mit „Vorzüglich" bewertet.

Die Quarantäne in England, die es Tierfreunden praktisch unmöglich macht, ihre Lieblinge über den Kanal mitzunehmen, wurde erst in den zwanziger Jahren unseres Jahrhunderts eingeführt, so daß ein reger Blutaustausch zwischen englischen Hunden und denen

Porzellan-Mops unbekannter Herkunft mit abgeschnittenen Ohren, wie es viele Jahre üblich war. Eine Quälerei die Ende des 20. Jahrhunderts durch den englischen König verboten wurde.

aus anderen Ländern noch sehr lange möglich war.

In Deutschland war der Mops zur Wiederbelebung mit Kurzhaar-Pinschern gekreuzt worden, was die Rasse zwar neu vitalisierte, aber auch Hochbeinigkeit, strafferes Fell und eine regelrechte Schnauze hervorbrachte. Die Nachkommen dieser Kreuzung zeichneten sich jedoch aus durch prachtvolle Aalstriche auf klarem, steingrauem, kurzem Fell. Kurz nach dem Zweiten Weltkrieg waren Möpse dieses Typs unter dem sonst arg eingeschränkten Bestand weit verbreitet, so daß man noch lange fälschlich vom „Altdeutschen" Mops sprach. Fälschlich darum, weil es sich wohl um echte Möpse handelte, die zwar einen inzwischen sehr kleinen Schuß Pinscherblut führten, ihre typischen Rassemerkmale aber konstant und einheitlich vererbten. Sie wurden als Mops eingetragen, ausgestellt und bewertet.

Es gibt auch heute noch in der Bundesrepublik verschiedene Blutlinien, die zum Teil auf diesen „Altdeutschen" zurückgehen, und das nicht zu ihrem Nachteil. Man darf diesen Typ nie als eine Rasse für sich betrachten.

Die vielen Blutauffrischungen und Einkreuzungen anderer Rassen sind dafür verantwortlich, daß unser moderner Mops, trotz oft angewendeter starker Inzucht und sogar Inzestzucht, noch über einen großen Genpool verfügt.

Wohl der Traum eines jeden Züchters: den ersten Preis gewinnen im Zuchtgruppenwettbewerb.

Möglicherweise erklärt das, warum der Mops als Rasse praktisch keine spezifischen Erbkrankheiten kennt wie so manche erst in den letzten hundert Jahren neu kreierte Rasse, die zwar in großen Zahlen vertreten ist, aber auf eine ganz enge Zuchtbasis zurückgeht.

Entwurf des offiziellen Rassestandards

Nach den ersten Hundeausstellungen, sowohl auf dem Kontinent als auch in England, entstand allmählich das Bedürfnis, die Hundezucht zu reglementieren, um beim Züchten mehr Einheitlichkeit gewährleisten zu können. Man begann, Rassestandards zu entwerfen, nach denen die ausgestellten Hunde beurteilt werden sollten. Stammbücher wurden gegründet und Ahnentafeln herausgegeben.

Dr. Bazille veröffentlichte einen Rassestandard für den Mops in deutscher Sprache; in England machten J. H. Walsh („Stonehenge“) 1867 und Hugh Daiziel 1881 je einen Entwurf für den Mopsstandard, aus dem später ein auch heute noch international gültiger, offizieller Standard in stark komprimierter Form zusammengestellt wurde. Seitdem wurde der Standard, allerdings nicht wesentlich, einige Male geändert, das letzte Mal 1987.

Der Rassestandard des Mopses

China

Bevor der Standard als verbindlich anerkannt wurde, gab es mehrere Versionen und Entwürfe. Und obwohl man die Beschreibung von „Lo-chiang-sze“ (oder „Lo-sze“) in den Registern der Kaiserlichen Zwinger der Kaiserin Isshi kaum als „Standard“ betrachten kann, gibt sie doch ein einigermaßen deutliches Bild von dem in China gewünschten Typus. Ein Bild, das von den zahlreichen (Porzellan-)Figuren aus jener Zeit deutlich unterstützt wird. Der Schädel des „Lo-sze“ ist flach und breit zwischen den Ohren; die Schnauze ist kurz, der Kiefer breit und kantig Die Augen sind groß und vorstehend; das Fell sehr lose und elastisch; die Haare kurz, fein und glatt. Auf der Stirn sind viele Hautfalten, die das sogenannte Prinzenzeichen formen müssen (das chinesische Schriftzeichen für „Prinz“). Die Ohren sind geformt wie eine halbierte Aprikose. Es gibt aber auch das sogenannte Hornohr (Chiao-Tzu). Der Schwanz ist geringelt; „Sze Kuochuerh“, er darf aber auch kurz abgeschnitten werden. Interessanterweise wurde der Lo-sze in verschiedenen Farben gezüchtet, die jeweils ihre Bedeutung hatten – oft mit weißen Abzeichen an der Brust, den Füßen und sogar auf der Stirn versehen.

Bundesrepublik Deutschland

Der Verband für Deutsche Kleinhunde-Züchter veröffentlichte in seinem Zuchtbuch, Band 55, die für Deutschland, Österreich und die Schweiz anerkannte Rassebeschreibung des Mopses. Sie wurde dem Buch von Dr. Bazille, „Die Kennzeichen unserer Rassehunde“, entnommen.

Allgemeine Erscheinung. Die eines kräftigen, gedrungenen, kleinen Hundes, welcher im Gesamteindruck stark und vierschrötig erscheint.

Kopf. Rund und sehr groß, nicht ausgesprochener Apfelkopf mit starken Hautfalten auf der Stirn (Runzeln), Schnauze kurz, gerade und breit, vorn abgestumpft, eckig, mit tiefschwarzer Maske, Augen schwarz und sehr dunkel, sehr groß, kreisrund und eher vorstehend als rückwärts tiefer liegend, sehr feurig und doch etwas ängstlich, schwermütig blickend. **Fehler.** Apfelkopf; Mangel an den charakteristischen Stirnrunzeln; nicht scharf abgegrenzte oder zu geringe schwarze Abzeichen oder Fehlen der schwarzen Maske; zu kleines, tief liegendes Auge; aufgebogene Schnauze. **Ohren.** Schwarz, klein und dünn; dicht und kurz behaart. Nach vorn überfallend, und die Ohrmuscheln bedeckend (sogenanntes Knopfohr). **Fehler.** Dickes, großes, fleischiges oder nicht schwarzes Ohr. Aufrecht getragenes Ohr (Stehohr).

Nase. Kurz, breit und schwarz. **Fehler.** Braune oder fleischfarbene, rote oder gefleckte Nase.

Hals. Kurz und dick; reichlich lose Kehlhaut, die eine starke Wamme bilden muß. Sie muß lose sein, weil sonst auch die Stirnrunzeln nicht ausgebildet sind. **Fehler.** Langer, dünner Hals mit fest anliegender Haut.

Körper. Strammer, gerader, weder zu langer noch zu kurzer, dabei breiter Rücken. Brustkorb tief und rund, sehr kräftig und gedrungen. **Fehler.** Schmale Brustfront; flacher, seitlich zusammengedrückter Brustkorb; Hängebauch und langer, schmaler Rücken.

Diese bildschöne Hündin verkörpert das Idealbild eines Mopses, wie es der Rassenstandard vorschreibt.

Läufe. Eher kurz als hoch, stark und kompakt, gerade und gut unter den Leib gestellt. Katzenpfoten, Zehen schwarz. **Fehler.** Zu hohe und zu dünne Läufe, lose Schultern (häufig bei zu breiter Brust vorkommend); kuhhessige Hinterläufe; Hasenpfoten, helle und weiße Nägel.

Rute. Glatt, nicht bürstenförmig, abstehend behaart; stark, wenn möglich doppelt geringelt über den Rücken getragen (Posthorn, Schweineschwanz) und dünn verlaufend. **Fehler.** Burstenförmig behaarte, abwärts oder gestreckt getragene oder zu schwach geringelte, am Ansatz dünne Rute.

Behaarung. Kurz und dicht, weich und glänzend. **Fehler.** Hartes, derbes, zu langes oder welliges Haar.

Farbe und Abzeichen. Silbergrau, gelbbraun bis weißgelb, stets rein in der Farbe, schwarze Gesichtsmaske, schwarzer Aalstrich über dem Rücken, der sich auf der Oberseite der Rute häufig bis zur Spitze fortsetzt. Auf der Stirn ein großer, auf den Backen je ein kleiner schwarzer Fleck. Alle schwarzen Abzeichen so tiefschwarz und abgegrenzt als möglich. Es existieren auch schwarze Exemplare, ohne irgendwelche Abzeichen, im Typus genau wie die anderen. **Fehler.** Unklare, gestichelte, unreine Farbe, verschwommene schwarze beziehungsweise nicht tiefschwarze Abzeichen; Fehlen der Stirn- und Backenflecke oder des Aalstriches über dem Rücken sowie weiße Abzeichen; gestattet ist geringes Weiß unten am Brustkorb.

Größe. Nicht über 32 cm Schulterhöhe.

Heute gilt auch für Deutschland der von der FCI anerkannte englische Standard.

England (international und von der FCI anerkannt) No. 253 b 24. Juni 1987

Da dieser Standard sehr kurz gefaßt ist, wird jeder einzelne Punkt zusätzlich erläutert.

1. Allgemeine Erscheinung. „Ein ausgesprochen quadratisch und gedrungen gebauter Hund. Der Mops soll ‚Multum in Parvo' sein, aber dieser Begriff soll realisiert werden durch gute Proportionen, stämmige Formen und gut entwickelte Muskulatur."

Die Umschreibung „Multum in Parvo" (viel Masse im kleinen Umfang) ist an Deutlichkeit nicht zu übertreffen. Bei seiner Kleinheit soll der Mops sehr solide und kompakt wirken, mit viel Substanz und kräftiger Muskulatur, er ist ein Klotz von einem Hund.

2. Typische Eigenschaften. „Sehr viel Charme, Würde und außergewöhnliche Klugheit."

Wer möchte behaupten, ein schwarzer Mops stehe dem gelben im Ausdruck nach und hätte weniger Gesichtsfalten?

3. Temperament. „Gleichmäßig, lustig und lebhaft im Wesen."

4. Kopf und Schädel. „Kopf groß, schwer und rund. Kein Apfelkopf und keine Furche zwischen den Augen wie bei anderen doggenartigen Hunden. Schnauze kurz, stumpf und quadratisch; Unterkiefer nicht aufgebogen. Falten dick und tief."

Dieser große runde und massive Kopf ist ein sehr wichtiges Teil des Mopses, aber er darf dadurch nie überstürzig wirken. Und der schönste Kopf ist nichts wert, wenn er von einem schlecht gebauten Körper getragen wird. Im Profil hat der Mopskopf etwas Ähnlichkeit mit der geballten Faust. Von vorn erscheint der Schädel flach zwischen den Ohren durch die gefaltete Kopfhaut. Zieht man aber das Fell nach hinten, dann wird das für den Mops charakteristische runde Köpfchen deutlich sichtbar. Die Form der Schnauze ist ebenfalls äußerst wichtig

Man soll den Begriff „kurz“ nicht verstehen als „nasenlos“, wie man leider zu oft in Richterberichten lesen kann.

Der Mops hat zwar keine deutlich erkennbare Schnauze, wie beispielsweise ein Boxer, aber der Nasenrücken ist immer noch mindestens 15 mm lang, und das Gesicht sieht nur flach aus – von der Seite gesehen –, weil der Nasenrücken von einer dicken Hautfalte praktisch ganz verdeckt wird, der Nasenfalte. Der ganze Nasenrücken muß gerade sein, das heißt weder nach unten abfallend noch nach oben aufwippend. Der Nasenschwamm soll verhältnismäßig groß und breit sein, mit gut offenen Nasenlöchern und soll von der Nasenfalte nicht überragt werden. Gebiß: Erstaunlicherweise wird das Gebiß beziehungsweise die Zähne im Standard nicht erwähnt. Selbstverständlich soll auch der Mops ein möglichst gesundes und einigermaßen regelmäßiges Gebiß haben. Es ist aber nicht notwendig, eine bestimmte Form zu bevorzugen, solange der betreffende Mops gut anschließende Lippen und ein gutes sichtbares Kinn hat. Die Zunge darf bei geschlossenem Mund nicht sichtbar sein oder gar schief heraushängen. Daß mancher Richter unbedingt Mopszähne zählen will und ausdrücklich einen Unterbiß verlangt, sollte man als persönliches Hobby ansehen. Es darf bei der Beurteilung beziehungsweise Bewertung keine Rolle spielen. Ein gut schließendes Scherengebiß ist für den Mops genauso richtig wie ein knapper

Dieser Rüde stand Modell als 1895 der Mops-Rassenstandard entworfen wurde. Außerdem wurde eine Anstecknadel nach seinem Bild angefertigt, die man heutzutage noch kaufen kann.

Untervorbiß, eine „umgehrte Schere". Starkes Vorbeißen gibt dem Mops ein Affengesicht, weil das Kinn zu stark ausgeprägt und daher unschön ist.

Die Anzahl der Stirnrunzeln, deren Verlauf und die Farbschattierung verschaffen dem Mops einen lebhaften, beweglichen Ausdruck. Er „spricht mit den Augenbrauen".

Ein Mopsporträt in Kreuzstich.

Die Schnauze ist, von vorn gesehen, breit und hoch, und sie wirkt durch die die Schnauze umfassende Nasenfalte quadratisch. Eine untiefe Schnauze, wobei der Kiefer zwar breit, die Distanz zwischen Nasenschwamm und Unterseite des Kiefers jedoch zu kurz ist, ist mindestens so falsch wie eine zu schmale, gekniffene Schnauze. Ein harmonisches Mopsgesicht kann man sich vorstellen als einen Kreis mit dem Nasenschwamm als Mittelpunkt. Der Durchmesser der Augen verläuft (horizontal) auf gleicher Höhe mit der Oberseite des Nasenschwammes. Der breite, gut sichtbare Unterkiefer betont das Quadratische der Schnauze. Die Fläche unter den Augen muß gut ausgefüllt sein.

5. Augen. „Dunkel, sehr groß, etwas vorstehend und frontal eingesetzt. Kugelrund in der Form, sanft, sorgenvoll und fragend im Ausdruck; glänzend und bei Aufregung voller Feuer." Sie stehen weit auseinander, aber sie sollen nicht den Eindruck erwecken, daß sie nach seitwärts blicken. Zieht man eine gedachte Linie vom Mundwinkel steil nach oben, dann durchschneidet sie das Auge in der Mitte. Zieht man diese scheinbare Linie noch weiter nach oben durch, dann trifft sie – bei korrektem Ohrenansatz

– den Punkt, wo das hängende Ohr sich am Kopf anschmiegt. Die meisten Mopswelpen schielen stark nach außen, das ändert sich aber mit der Zeit.

6. Ohren. „Dünn, klein und weich anfühlend ‚wie schwarzer Samt‘. Es gibt zwei Arten: das ‚Rosenohr‘ und das ‚Knopfohr‘. Das letztere wird bevorzugt.“

Obwohl beide Arten erlaubt sind, ist es verständlich, daß beide Ohren gleich getragen werden müssen, also nicht das eine als Rosen- das andere als Knopfohr. Das sieht sehr häßlich aus und stört die Harmonie des Kopfes.

Das Knopfohr sieht beim Mops ungefähr so aus wie ein Eselsohr in einem Buch, aber dann so, daß es sich durch die Dünne und Geschmeidigkeit auch noch mal der Länge nach faltet und sich nach der Rundung des Kopfes fügt. Ein neben dem Kopf als starres Dreieck getragenes Ohr ist alles andere als schön. Auch ein zu hoch angesetztes Ohr, wobei der Querknick über die Schädellinie ragt, stört sehr. Die Spitze des Knopfohres soll nicht tiefer reichen als die Unterseite der Augen. Bei noch jungen Möpsen, deren Schädel noch nicht voll entwickelt sind, wirken die Ohren oft etwas zu groß. Das gleicht sich beim Wachsen meistens aus.

Das „Rosenohr“ (grundverschieden zum Bulldoggenohr) kann sehr schön sein, aber nur dann, wenn es wirklich klein ist. Bei diesem Ohr gibt es noch eine zweite Falte der Länge nach. Es soll allerdings auch geschmeidig am Kopf anliegen und darf nie über dessen obere Linie hinausragen.

7. Fang. „Knapper Unterbiß. Schiefer Unterkiefer, Sichtbarsein von Zähnen und Zunge sind sehr unerwünscht. Breiter Unterkiefer mit Schneidezähnen in einer fast geraden Linie verlaufend.“

Den „knappen Unterbiß“ sollte man als „umgekehrte Schere“ verstehen. Ein zu ausgeprägter Vorbiß verdirbt den Ausdruck.

8. Hals und Genick. „Leicht gebogen, Halslinie sanft fließend übergehend in der Rückenlinie. Kräftig, stark, gut ausgefüllt und lang genug, um den Kopf stolz tragen zu können.“

Leider wird nicht erwähnt, daß der Mops nicht nur am Kopf ein loses Fell haben soll, um reichlich Stirnfalten zeigen zu können, sondern auch am Hals, wodurch eine starke Wamme entwickelt wird.

9. Vorhand. „Vorderbeine sehr stark, gerade, von mittelmäßiger Länge, gut unter dem Körper gestellt. Gute Winkelung im Schultergelenk.“

Beine haben die richtige Länge, wenn die Unterseite des Brustkorbes etwas tiefer liegt als das Ellenbogengelenk. Es ist wichtig, daß auch das

Ellenbogengelenk gut gewinkelt ist. Nur dann können die Beine „gut unter dem Körper gestellt sein“. Der Mops soll eine deutlich ausgeprägte Vorbrust haben. Leider sieht man immer mehr Möpse, bei denen durch eine zu offene Winkelung die Vorbrust nicht deutlich entwickelt ist. Das beeinträchtigt auch das Gangwerk vorne.

10. Körper. „Kurz und kompakt mit breitem, tiefem Brustkorb und gut abgerundeten Rippen, gerader Rückenlinie. Weder aufgebogen noch eingesenkt.“

Der Mops darf nicht fett sein, muß aber sehr viel Substanz haben und dadurch „dick“ erscheinen. (Dick ist nicht unbedingt fett!) Nicht nur die Brust ist breit, sondern auch das Kreuz, die Lendenpartie kurz und tief, die Bauchlinie läuft dadurch praktisch parallel mit der des Rückens.

Der Rüde darf etwas mehr Taille haben als die Hündin, aber der Eindruck von Rundheit darf nicht gestört werden, und eine zu stark aufgezogene Bauchlinie gilt als großer Fehler.

11. Hinterhand. „Starkbemuskelt. Kräftig und von mittelmäßiger Länge. Gut unter dem Körper gestellt. Von hinten gesehen gerade, die Beine parallel. Gut gewinkelt.“

Auch an der Hinterhand ist alles rund. Der Schenkel wirkt als breite Fläche, der Umriß des Knies soll ebenfalls rund sein wie auch der über dem Sitzbein. Nur dann können die Beine „gut unter dem Körper gestellt“ sein. Leider sieht man immer mehr – sogar international – steile, zu offen gewinkelte Hinterbeine, mit dünnen, flachen Schenkeln, sogar bei hochprämierten Möpsen. Daß diese schlechte Winkelung sich auch hinten ungünstig auf das Gangwerk auswirkt, ist verständlich. Man wundert sich, daß Möpse es mit diesen Fehlern zu höchsten Ehren bringen.

Vor allem das terrierartige Gangwerk solcher Tiere spricht vielleicht – vor allem Gruppen- und Allgemeinrichter – mehr an als die für die Rasse charakteristische rollende, oft etwas lässige Gangart. Richter sollten den eigenen Geschmack jedoch nicht gelten lassen.

Von hinten gesehen ist die Hinterhand auch breit und rundlich, muß sehr kräftig wirken, mit kräftig gerundeten Schenkeln. Hier trifft der Begriff „cobby“ ebenfalls zu.

12. Füße. „Zwischen Katzen- und Hasenfuß, mit ziemlich tiefen Einschneidungen zwischen den Zehen. Schwarze Krallen.“

Man sollte hinzufügen, daß der Fuß klein, gut geschlossen sein und einen kräftigen Eindruck erwecken soll.

Viele Möpse schielen arg in ihren Jugendjahren. Das legt sich aber mit der Zeit.

Spreizfüße, die eventuell auch noch groß und flach sind, gehören zu den störenden Fehlern wie auch durchgedrückte Pulsgelenke. Oft sind zu lange Krallen daran schuld.

13. Schwanz. „So steif wie nur möglich über dem Rücken geringelt getragen. Doppelt geringelt ist höchste Vollkommenheit."

Dieser doppelt geringelte Schwanz droht ebenfalls international eine Seltenheit zu werden. Zu oft sieht man zu kurze, dicke Schwänze, die in einem flauen Bogen getragen werden, also gar keine Ringelschwänze mehr sind.

14. Fell. „Fein, glatt anliegend, weich, kurz und glänzend. Weder hart, noch wollig."

Obwohl deutlich genug beschrieben, muß man doch mal ein wirklich ideales Mopsfellchen gefühlt haben, um die Beschaffenheit des Pelzes richtig beurteilen zu können.

15. Farbe. „Einfarbig schwarz, silbergrau, verschiedene Nuancen beige – von weißgelb bis gelbbraun (‚apricot') mit schwarzen Abzeichen. Die Grundfarbe soll sauber sein, um den Kontrast mit dem Abzeichen so deutlich wie möglich zu betonen. Die Abzeichen am Kopf, die Maske, Stirnflecke oder ‚Stern', die Muttermale an den Backen müssen deutlich begrenzt und so schwarz wie möglich sein. Wie auch der Aalstrich (eine schwarze Linie über dem Rücken vom Hinterkopf bis zur Schwanzspitze)."

Schwarz ist allein wirklich schön, wenn die Farbe tatsächlich tiefschwarz ist bis auf die Haut, ohne bronzenen oder roten Anflug und stark glänzend. Weiße Abzeichen an der Brust oder Weiß an den Pfoten sind als Fehler zu betrachten. Die Beschreibung der anderen Farben ist genetisch dilettantisch ausgedrückt. „Beige" ist keine Farbe. Aber nichts ist schwieriger als die exakte Umschreibung von Fellfarben, oder es müßte „schwarz" sein, denn schwarz ist nun mal schwarz. Die englische Benennung „fawn" heißt wörtlich: „Die Farbe eines Rehkitzes". Wenn Sie je so ein Tierchen von ganz nah haben sehen können, dann wissen Sie, daß kein Mops in der Welt diese Farbe hat. Was aber beim Mops „fawn" heißt, wird beim Labrador Retriever „yellow" genannt, also gelb, und beim Golden Retriever „gold". Der Mops ist, genetisch betrachtet, ebenfalls „gelb". „Silbergrau" ist also nicht grau, sondern gelb, verdünnt durch den sogenannten Chinchilla-Faktor. Der Unterschied zwischen „silverfawn" und „fawn" ist wie zwischen Mond- und Sonnenlicht. Das sogenannte Apricot hat nichts zu tun mit dem Apricot beispielsweise bei Pudeln, sondern ist ebenfalls „gelb" mit einem warmen, orangeartigen Ton. Das Erbe der „Willoughby-Möpse", das sogenannte „smutty-fawn" (viel schwarze Haare in der Grundfarbe) kann man betrachten als eine Rückkehr zur Wildfarbe oder „Agouti". Möpse, die diese rußige Farbe haben, zeigen sehr oft einen perfekten Aalstrich und sattes Pigment. Wenn man zu rigoros selektiert auf „reine" Farbe, entsteht die Gefahr, daß der Aalstrich völlig verschwindet, die Maske wird zu klein, Stirnfleck, Muttermale gehen verloren,

Möpse, die in ihrer Jugend eine reine helle Farbe haben, dunkeln oft später nach.

und die Abzeichen mitsamt den Ohren sind nicht mehr tiefschwarz, sondern bräunlich.

16. Gewicht und Größe. „6½ bis 8½ kg. ‚Erwünscht' bei einer Schulterhöhe von 25 bis 30 cm. Für Rüden wie für Hündinnen. Magerkeit, Hochbeinigkeit, kurze Beine und langer Körper sind falsch. Dieser Punkt ist ein wenig heikel, weil auch vom jeweiligen persönlichen Geschmack ausgegangen werden kann."

Was der eine als ideal beurteilt, findet der andere zu groß oder zu klein. Wo der Rassestandard aber soviel Spielraum hat, sollten eigentlich keine Schwierigkeiten entstehen und der ewige Streit über die ideale Größe völlig überflüssig sein.

Ob groß oder klein, der Mops soll unverkennbar wie ein Mops aussehen und insgesamt „Multum in Parvo" deutlich entsprechen. Man sollte demnach nie einen kleinen Mops bevorzugen, nur weil er klein ist. Auch der kleinste Mops soll Masse, Substanz, kräftige Muskeln und starke Knochen haben. Futterzustand, Schwere der Knochen, Entwicklung der Muskulatur spielen im Verhältnis zur Schulterhöhe eine große Rolle. So wird ein richtig gefütterter und im Freien ausgiebig bewegter Mops, der seine Muskeln optimal entwickeln und kein Gramm überflüssiges Fett ansetzen konnte, mehr wiegen bei gleicher Schulterhöhe als der verfettete, faule „Rollmops" der täglich höchstens zweimal sein Bein um die Ecke heben darf und vollgestopft wird mit Süßigkeiten.

Wenn auch der Standard angibt „für Rüden sowie für Hündinnen", soll es doch einen deutlichen Geschlechtstypus geben. Es sollte nicht nötig sein, daß man unter den Bauch gucken muß, ob es ein Rüde oder eine Hündin ist; am Kopf sollte man schon das Geschlecht des Hundes erkennen können. Die Gefahr des Selektierens auf nur klein, kleiner und kleinst ist, daß man eine Art Einheitswurst kreiert. Puppenhaft, kümmerlich und geschlechtslos.

17. Gangwerk. „Die Vorderbeine müssen parallel zueinander nach vorne bewogen werden, die Füße weder nach innen noch nach außen gedreht sein. Auch die Hinterbeine bleiben parallel zueinander in der Bewegung. Das Gangwerk vorne soll ausgreifend sein, die Hinterbeine mit kräftigem Schub, wozu die gute Winkelung das ihre beiträgt.

Die Bewegungen sollen fließend und frei sein, von hinten gesehen hat der Mops einen spezifisch für die Rasse leicht rollenden Gang."

Obwohl das Vorstehende für sich spricht, sollte man sich speziell den rollenden Gang in natura ansehen, um zu verstehen, was damit gemeint wird. Dieser „Mops-Roll" ist nämlich völlig verschieden von dem sogenannten „Pekingesen-Roll".

18. Fehler. „Alles was nicht mit vorgenannten Kriterien übereinstimmt, sollte als Fehler gewertet werden. Jedoch sollte die Schwere der Fehler in der richtigen Proportion zu den vorzüglichen Punkten abgewogen werden. So kann es vorkommen, daß einem ausgesprochen hochtypischen Mops, der in jeder Hinsicht hervorragend ist, zwar störende, aber nicht zu gravierende Fehler verziehen werden."

19. Anmerkung. „Bei Rüden sollen beide Testikel normal entwickelt und im Skrotum fühl- und sichtbar sein."

Mit „normal entwickelt" wird gemeint, daß sie von normaler Größe sein sollen und nicht, wie man mitunter feststellen kann, im Verhältnis zum Hund zu klein, fast unterentwickelt sind.

Egal welche Rasse, das nachstehende Schema zeigt, welche Faktoren bei der Beurteilung, Bewertung und, letztendlich, Plazierung von größter Wichtigkeit sind (Schema unten).

Typus. Das ist die Summe aller kleinen Details und Eigenheiten, die Ihren Hund zu einem unverkennbaren Vertreter seiner Rasse machen, alle Äußerlichkeiten und Charakteristika, wodurch ein Mops sich von anderen Rassen unterscheidet.

Qualität. Sie wird bestimmt durch den Grad, die Zahl und die Wichtigkeit der kleineren oder auch größeren Fehler im Verhältnis zu allen guten Eigenschaften, Grad der Perfektion oder/ und auffallende Schönheit des betreffenden Hundes.

„Soundness" und Harmonie. Sie gehen Hand in Hand. Nichts ist übertrieben, es gibt keine störenden Elemente. Alle Teile passen in vollkommener Harmonie zusammen. Sogar

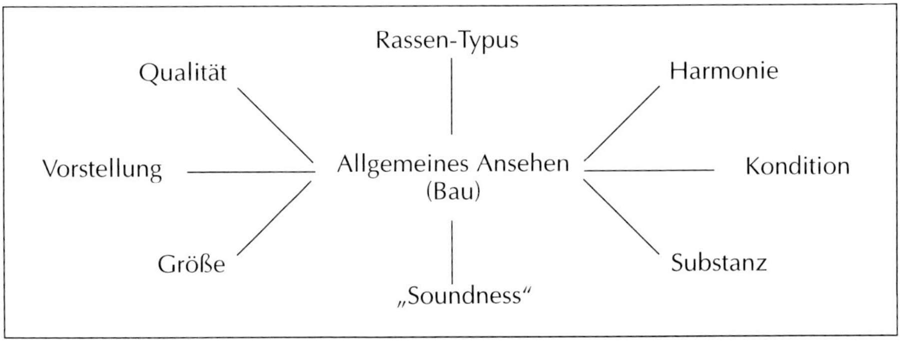

für den Laien ist solch ein Hund eine Augenweide.

Größe und Substanz. Sie werden im Mopsstandard kurz, aber deutlich verfaßt in dem Ausdruck „Multum in Parvo"" auf gut deutsch „Viel Masse im kleinen Umfang", wobei die „Masse" genauso wichtig ist wie der „Umfang".

Ansehen („Presence"). Es zeigt die Persönlichkeit des Hundes und wie er sich präsentiert.

Gangwerk und Stand. Der Mops soll gehen wie ein Mops und nicht wie ein Terrier oder eine andere Rasse. Der leicht „rollende" Gang vom Mops ist ganz anders als der „rolling gait" des Pekingesen. Der Standard beschreibt deutlich, wie ein Mops zu stehen hat. „Beine gut unter den Leib gestellt" läßt keinen Zweifel in diesem Punkt zu.

Bau. Betrifft Aufbau und Zusammenhang des Skelettes, die Winkelung der verschiedenen Gelenke und die Haltung des Hundes.

Kondition. Sie spricht für sich. Härte und Entwicklung der Muskulatur, Geschmeidigkeit und Lockerheit des Felles; saubere, gesunde Haut und Haare; klare, heile Augen; saubere, gesunde Ohren. Kein übermäßiger Fettansatz, aber genausowenig ein Mangel an „Bepolsterung". Der Hund soll Gesundheit ausstrahlen, sich sauber bewegen und sich angenehm benehmen.

Wunderschön harmonisch gebaut ist diese vorzügliche kleine Hündin Dylville Lobke aus der Zucht von Frau I. Mijlemans (Belgien). Der Kopf steht in gutem Verhältnis zu dem kompakten Körper. Viel Substanz, kräftige Beine. Gute Winkelungen vorn und hinten. Kräftig geringelter Schwanz.

Die Fähigkeit, einen Hund gut beurteilen zu können, ist Begabung, die nicht durch buchstabengetreue Kenntnisse des Rassestandards zu ersetzen ist. Dies, die Art und Weise, wie der Hund sich präsentiert, und die Möglichkeit der persönlichen Interpretation des Standards sind die Erklärung dafür, daß ein und derselbe Hund von verschiedenen Richtern oft grundverschieden beurteilt, bewertet und plaziert wird.

Man soll das als Aussteller akzeptieren und den Richter nicht als parteiisch verurteilen, er ist auch nur ein Mensch und macht manchmal Fehler. Als Aussteller sollte man allerdings auch nie vergessen, welchem Zweck Hundeausstellungen ursprünglich dienten. Nämlich als „Ausstellung" von Rassehunden, damit das Publikum die verschiedenen Hunderassen kennenlernen und bewundern konnte. Das Wettstreit-Element ist allmählich dazugekommen und mit der Zeit immer wichtiger geworden.

Trotzdem sollte man als Aussteller an einer Rassehundeschau hauptsächlich um den Spaß des Mitmachens, des „Auch-dabei-Seins" teilnehmen. Dazu kommt die Möglichkeit, seinen Hund mit anderen Rassevertretern vergleichen zu können und ihn von einem Kenner, also dem Richter, beurteilen zu lassen. Sie machen das freiwillig und mit dem Wissen, daß das Urteil des Richters

Vielversprechender schwarzer Mopswelpe. Kräftige Knochen, schöne Faltenbildung am Kopf.

Nicht unbedingt das Resultat von Dressur. Dieses Bild ist eher der Beweis wie friedlich Möpse unter- und miteinander leben.

unanfechtbar ist. Auch wenn Sie nicht mit ihm einig sind, man hat sein Urteil ohne Kommentar oder Protest hinzunehmen.

Wie das Urteil des Richters auch ausfällt, es ändert nichts an dem wirklichen Wert, den Ihr Hund für Sie hat, da Sie ihn sicher vor allem als Hausgenossen und Kameraden angeschafft haben und nicht als Prunkobjekt, um sich damit zu schmücken.

Sie werden den meisten Spaß bei der Teilnahme an einer Hunde-Schau erleben, wenn Sie unbefangen und unbeschwert mitspielen, nicht belastet von übergroßem, verletzlichem Ehrgeiz.

Ihrer Eitelkeit sollte genügend geschmeichelt werden dadurch, daß ein lebendes Wesen Sie ohne Kritik liebt, und anbetet, für das Sie praktisch immer der Mittelpunkt seines Universums sind!

Temperament und Wesen

Der Mops ist ein Faß voller Widersprüche. Er ist sehr eigenwillig, aber doch folgsam. Manchmal recht stur und trotzdem gelehrig, mit Geduld und Geschicklichkeit kann man ihm sehr viel beibringen. Wenn ihm aber etwas gerade nicht paßt, spielt er taub und blind. Er ist von einer rührenden Anhänglichkeit und sehr kontaktbedürftig. Wenn man ihn jedoch ungerecht behandelt, reagiert er oft empfindlich und lehnt Annäherungsversuche mit trauriger Miene ab. Menschen und Tieren gegenüber ist er freundlich und spontan, er begrüßt sie begeistert und will gern gestreichelt werden. Von Fremden angefaßt oder gar aufgehoben werden will er nicht, er macht sich dann ganz steif. Er ist voller Vertrauen und sieht keine Gefahr: „Ich tue niemandem was zuleide, folglich tut auch mir niemand was zuleide.“ Das wird dem Mops oft

Die größte und die kleinste Dogge in guter Freundschaft zusammen.

zum Verhängnis, da er auch größeren Hunden ohne jede Unterwürfigkeitsgebärde unbefangen entgegentritt. Und das nehmen nicht alle Hunde so ohne weiteres hin. Ein Mops hat anscheinend die feste Überzeugung, daß ihm nichts Böses passieren kann, daß alles und jeder ihm den Weg freiläßt. Dadurch sind schon viele Möpschen von austretenden Kuhhufen schwer verletzt worden oder verloren ihr Leben unter Autorädern. Der Mops ist zwar wachsam, aber kein aufgeregter Kläffer.

Bei seiner Lebhaftigkeit und seinem lustigen Temperament ist er nie nervös oder hektisch. Viele Leute halten den Mops für dumm, und er hat auch ein Geschick, sich wie „Klein Doofi" zu benehmen. Dabei ist er recht ausgekocht und wirklich „intelligent". Man wird mir vielleicht vorwerfen, einem Hund menschliche Eigenschaften zu übertragen, aber wie soll man die Charaktereigenschaften eines Hundes schildern, ohne menschliche Begriffe dabei zu verwenden!

Obwohl ein Mops erstaunlich viele Urinstinkte behalten hat, ist er im Verhalten in mancher Hinsicht recht kindlich. Er bleibt bis ins hohe Alter verspielt, ist ohne Aggression seinen Artgenossen gegenüber, und wenn er mit mehreren Hunden (oder auch Katzen) zusammenlebt, zeigt er durch das Kontaktliegen in Ruhe deutliches Welpenbenehmen. Er ruht und schläft gern „gestapelt".

Durch ihre Friedfertigkeit ist es möglich, mehrere Möpse problemlos zusammen zu halten. Man bedenke aber, daß es in einer größeren Mopsgesellschaft, wo beide Geschlechter zahlreich vertreten sind, durch Eifersucht und Dominanzverhalten zu Streitigkeiten und sogar bösen Beißereien kommen kann, wo unter Umständen die ganze Meute sich über einen einzigen hermachen wird und ihn schwer verletzt. Das ist zwar eine Ausnahme, aber wenn man sich eine größere Meute Möpse als Haushunde hält, darf man nie vergessen, daß auch im Mops noch echte Wolfseigenschaften schlummern. Unser Mops zeigt in mancher Hinsicht große Ausdauer, die sogar ausarten kann in Beharrlichkeit, wenn er sich etwas in den Kopf gesetzt hat. Sie können ihm so lange etwas verbieten, bis Sie vor Wut platzen, anfänglich gehorcht er brav, drehen Sie ihm aber den Rücken zu, setzt er seine verbotene Tätigkeit in aller Seelenruhe fort. Es ist allerdings furchtbar schwer, einem Mops böse zu sein, wenn er Sie mit großen feuchten Augen und schief gehaltenem Köpfchen voller Sorgenfalten verständnislos anschaut, wortlos mimend „Was hab' ich denn Schlimmes verbrochen, daß du so wütend bist?" Da bleiben Sie mal konsequent!

Kinderfreundlichkeit

Durch seine sanfte Natur, Spielfreudigkeit und Duldsamkeit ist der Mops im Grunde „der“ ideale Hund für Kinder, unter der Voraussetzung, die Kinder wissen, daß der Hund kein Spielzeug ist, mit dem man nach Belieben machen kann, was man will, einschließlich dem Herumzerren an den Ohren oder Schwanz. Da ein Mops niemals ein Kind beißen würde, wenn dieses ihn grob und unsanft behandelt, soll man seinen Kindern klarmachen, daß sie den Hund respektieren müssen. Daß sie, wenn er schläft oder deutlich müde wird und zeigt, daß er keine Lust zum Spielen hat, ihn in Ruhe lassen. Ein Mops, der nie Ruhe findet und dauernd von Kindern herumgezerrt wird, wird am Ende ein verängstigtes, scheues Nervenbündel.

Der Mops und die Familie

Wer sich einen Mops anschafft, muß sich im klaren sein, daß er den Hund über viele Jahre behalten muß, denn der Mops verträgt Besitzerwechsel schlecht. Zwar wird nur ein guter Beobachter merken, wie verstört, verunsichert und ratlos der Mops ist, der umständehalber in andere Hände kam, das ändert jedoch nichts an der Tatsache, daß sein Vertrauen erschüttert ist und sich nie wieder hundertprozentig erholt.

Der Mops und seine Kondition

Man merkt einem Mops auch schwer an, wenn er Schmerzen hat, sich krank fühlt oder ihm sonst etwas fehlt. Ein Möpschen, dem von einem Hundefeind ein Auge ausgetreten war, ließ, ohne einen Laut von sich zu geben, sogar noch mit dem Schwanz wedelnd, das Zunähen der Augenlider ohne Narkose oder örtliche Betäubung zu.

Ein anderer Mops hatte sich bei einem unglücklichen Sturz das Hüftgelenk ausgekugelt. Da seine Besitzer die Eigenarten der Rasse gut kannten, wußten sie auch ohne Schmerzensäußerungen ihres Hundes die Lahmheit richtig zu deuten und suchten schleunigst den Tierarzt auf. Der wollte anfänglich die Verletzung nicht ernst nehmen und machte erst nach längerem Drängen der Besitzer eine Röntgenaufnahme.

Er traute seinen Augen nicht, als er die Bilder betrachtete. Er konnte gar nicht verstehen, daß der Hund sich nicht vor Schmerzen wand, jeder andere Hund hätte unter diesen Umständen laut gebrüllt, meinte er. Wenn also ein Mops zitternd und recht unglücklich in einer Ecke hockt, sein Futter verweigert und höchstens mal tief seufzt, dann ist Eile geboten, die Temperatur zu messen und zum Tierarzt zu gehen, denn in den

Keine Angst vor großen Hunden. Dieser sechs Wochen alte Mopswelpe lebt zwar in einer großen Mopsmeute, suchte sich aber von Anfang an die Chow-Hündin als seinen Spielgefährten aus.

meisten Fällen ist der Hund todkrank, oder ihm fehlt sonst etwas Schlimmes.

Andererseits kann er sich schrecklich zimperlich anstellen, sollen ihm die Krallen geschnitten oder der Zahnstein entfernt werden.

Dann wird mit Gebrüll Theater gemacht und unerträgliches Leiden vorgespielt. Diese Widersprüche im Benehmen äußern sich auch bei Regenwetter. Viele Möpse gehen nur mit großem Widerwillen hinaus, sobald es nur ein bißchen nieselt. Sind sie einmal draußen, ist keine Pfütze tief genug, durch die sie nicht begeistert hindurchtoben, so daß der Dreck nur so spritzt.

Folgsamkeit

Wie schon gesagt: Der Mops ist durch seine Folgsamkeit ein angenehmer und bequem mitzuführender Begleiter. Er hat aber auch die Eigenart, daß man ihn beim Spazierengehen mal „verlieren" kann. Gibt es was Interessantes zu schnüffeln, vergißt nämlich auch der Mops mal, auf Herrchen aufzupassen. Wird dies nicht bemerkt und weitergegangen, kann es passieren, daß der Mops den Anschluß verpaßt und in Panik gerät. Viele Möpse sind schallhörig, und wenn Sie ihn unter solchen Umständen rufen, gerät er noch mehr in Verwirrung, denn in der Richtung, aus der Ihre Stimme kommt, sieht er Sie nicht und rennt verzweifelt los. In den meisten Fällen bemerkt er das und findet zurück. Es kann aber auch passieren, daß er sich so weit von Ihnen entfernt hat, daß Sie ihn aus den Augen verlieren und er wirklich verschwindet. Dann stellt sich aber in den meisten Fällen heraus, daß der Mops trotz seiner Kurzschnauzigkeit gut riechen kann und auf der Riechspur wieder zu Ihnen zurückfindet. Falls Sie vor dem Spaziergang das Auto auf dem Parkplatz abgestellt haben, kommen die meisten verloren gegangenen Möpse wieder zum Auto zurück. Wohin man seinen Mops auch mitnimmt, er ist überall schnell zu Hause und sehr anpassungsfähig. Er ist gut mitzunehmen auf Reisen, sei es im Zug, im Auto oder gar im Flugzeug, wobei sein kleiner Wuchs auch von Vorteil ist. Sein ruhiges Benehmen und angenehmes Verhalten tragen dazu bei, daß man ihn auch in den meisten Hotels gern akzeptiert.

Seine Instinkte als Hund sind beim Mops noch voll erhalten. Trotz seines vom Wolf völlig abweichenden Äußeren, benimmt er oder sie sich beim Decken und Werfen sowie bei der Welpenpflege hundertprozentig artgerecht. Hält man sich eine Familie, also Rüde, Hündin oder gar mehrere von beiden, dann kümmert sich der Rüde genauso rührend um die Hundekinder

Begegnung am Strand. „Was bist Du denn für Einer?“

wie die Mutter, was Lecken, Putzen und Erziehen der Welpen betrifft. Es kommt sogar vor, daß auch ein Rüde im Entwöhnungsalter den Welpen vorverdautes Futter erbricht.

Vielleicht haben Sie durch das zuvor Gesagte den Eindruck bekommen, ein Mops sei schwer zu erziehen. Das wäre aber eine falsche Schlußfolgerung. Zwar braucht man oft mehr Geduld und Einsehen als bei anderen Rassen, aber durch seine Lernfreudigkeit, Anpassungsfähigkeit und Fügsamkeit ist er von seiner Natur her leicht zu halten.

Besondere Fähigkeiten des Mopses

In England und Amerika werden viele Möpse als „companion-dog" ausgebildet. Sie bestehen die dafür verlangten Tests glänzend und sehr oft mit einer hohen Notenzahl.

Der Titel C.D. („companion-dog") wird erworben, wenn der Hund folgende Aufträge gut ausführt:

1. Folgen an der Leine.
2. Im guten, gesammelten Stand sich von einem Richter betasten lassen.

Noch oft halten viele Leute den Mops für dick, dumm und gefräßig. Die haben sicher noch nie gesehen wie schnell und ausdauernd ein Mops laufen und spielen kann.

3. Bei Fuß und unangeleint folgen.
4. Auf Ruf sofort kommen.
5. Sitzen bleiben – eine Minute lang.
6. Liegen bleiben – drei Minuten lang.

Wenn der Besitzer mit seinem Hund weitertrainieren will, kann er mit ihm den C.D.X.-Test machen (X steht für „exzellent"; also vorzüglich). Bei diesem Test muß der Hund:

1. Bei Fuß gehen und frei folgen.
2. Entfernt hinlegen auf Anruf.
3. Einen Gegenstand suchen und apportieren auf ebenem Boden.
4. Das gleiche über eine Hürde.
5. Springen über eine breite Hürde.
6. Sitzen bleiben – drei Minuten lang.
7. Liegen bleiben – fünf Minuten lang.

Daß ein Mops sogar mehr als diese Tests bewältigen kann, hat Frau Inge von Keiser, Züchterin der international bekannten „vom Sanddorn"-Möpse, bewiesen. Als sie ihren Bordeaux-Doggenrüden Cato als Schutzhund ausbildete, nahm sie – nur zum Spaß – ihre Mopshündin Betty von der Kreuzhorst mit auf den Übungsplatz. Die Mopsdame, Etti genannt, hatte soviel Spaß an der Sache, daß Frau von Keiser sie die Übungen mitmachen ließ, und zum Erstaunen der anderen Trainer – die anfänglich mit einem geringschätzigen Lächeln zugeguckt hatten – brachte der kleine Mops es bei der Schlußprüfung zum Schutzhund I, Unterordnung B.

Bei einem nächsten Kurs leistete der Mopsrüde Hannibal vom Sanddorn das gleiche. Die Mopshündin Pera vom Sanddorn bewies, daß Möpse auch noch über andere Begabungen verfügen. Durch sie kam vor Jahren der Sender Freies Berlin „auf den Hund".

Peras Besitzer, Herr Leonhard Braun, bekannt geworden durch seine Stereofeatures auf manchem internationalen Festival und durch sein unter Musikkennern geschätztes Werk „Hyänen", war angestellt als Musikredakteur beim SFB, wo er unter anderem auf die Tonqualität der auszusendenden Musik zu achten hatte, um sie, wenn nötig, zu verbessern und zu korrigieren. Ganz zufällig entdeckte er, daß Pera, die immer am Arbeitsplatz dabei war, oft bei bestimmten Tönen aus dem Lautsprecher nervös wurde, winselte, den Kopf angewidert wegdrehte und deutliches Unbehagen zeigte. Es stellte sich dann heraus, daß Pera das „absolute Gehör" hatte. Wenn nämlich der Ton korrigiert worden und anscheinend alles wieder in Ordnung war, legte die Hündin sich wieder hin. Nachdem sie vier Jahre als Stereo-Mops „schwarz gearbeitet" hatte, wurde sie offiziell beim Studio angestellt, bekam eine Gage und einen echten Dienstausweis Nr. 708 A mit zwei vorschriftsmäßigen Paßbildern (Profil, ein Ohr sichtbar) und mit einem Dienstsiegel des Verwaltungsdirektors versehen. Pera hatte nur noch mit doppeltem Pfotenabdruck zu unterschreiben.

Sonstige Eigenschaften

Vor kurzem erschien ein langer Beitrag in einer großen deutschen Publikumszeitschrift. Im Großen und Ganzen eine nette und interessante Veröffentlichung. Man mutete unserem Mops darin aber auch so einiges zu, was nicht so recht stimmt. „Möpse schnarchen, haaren und stinken'" hieß es. Nun, das Schnarchen trifft in den meisten Fällen zu, und zwar überwiegend im Halbschlaf. Haaren tun wohl die meisten Hunderassen; allerdings sind Mopshaare insofern problematisch, als sie sehr „anhänglich" sind, das heißt, sich nur mit Mühe von Kleidern, Möbeln und Teppichen entfernen lassen. Das haben Möpse auch wieder mit anderen kurzhaarigen Rassen gemein. Zum Stinken bliebe zu sagen, daß die Verdauung von Fleischfressern bekanntlich nie ganz geruchlos verläuft, so daß die Möpse darin keine Ausnahme bilden. Aber von Körpergerüchen bleiben Möpse verschont, sofern sie richtig gepflegt und sauber gehalten werden.

Es werden über diese Rasse auch noch andere Geschichten erzählt, die entweder nicht wahr oder nur zum Teil wahr sind. So wird behauptet: Alle Möpse seien kurzatmig und asthmatisch und daher dauernd in Atemnot.

Ein richtig gehaltener Mops aus guter Zucht, in der keine Übertreibungen angestrebt wurden, der vernünftig gefüttert und ausreichend bewegt wird, ist weder asthmatisch noch in ständiger Atemnot. Sicher gibt es auch Möpse, die durch falsche Ernährung und Mangel an Bewegung eines Tages einer vollgestopften Wurst ähneln und sich nur noch schnaufend und nach Luft japsend fortbewegen können. Ein Mops, der schnauft, das heißt hörbar atmet, ist aber nicht unbedingt in Atemnot. Möpse geben oft die komischsten Geräusche von sich, zumeist wenn sie zufrieden sind oder sich intensiv mit etwas beschäftigen. Sie murmeln dann so vor sich hin, was sich anhört wie „Güh, güh, güh …" Manche Leute deuten die Mopstöne falsch und kriegen es mit der Angst zu tun, weil der Hund knurre, also böse sei. Die meisten Mopsliebhaber sind an die mit Geräusch verbundene Atmung ihres Hundes so gewöhnt, daß sie das Schnarchen erst bemerken, wenn der Hund einen Moment mal nicht schnarcht! „Möpse sind hitzeempfindlich." Auch das stimmt nur zum Teil. Ein Mops verträgt das Eingesperrtsein in einem Auto, das womöglich stundenlang in der prallen Sonne gestanden hat, ebensowenig wie wohl jeder andere Hund unter diesen Bedingungen.

Und wenn Sie Ihren Hund bei 30 Grad im Schatten womöglich stundenlang in der Sonne spazieren führen, sollten Sie sich nicht wundern, wenn Ihr Mops tatsächlich einen lebensgefährlichen Hitzestau bekommt. Dieser Zustand ist dann nicht unbedingt rassespezifisch.

Nun gibt es nicht nur solche Möpse, sondern auch atypisch gezüchtete. Speziell in England strebt man bei Möpsen immer kürzere Nasen an, womöglich auch die Verkleinerung der Schnauze, die dadurch zu untief wird, und so ist es verständlich, daß solche Tiere beim

Möpse kann man überall mitnehmen. Möpse haben es auch an sich, daß sie überall wo seine Menschen sind dabei sein wollen. Bei Schiffahrten sollte man sich davon vergewissern, daß der Mops schwimmen kann. Besser ist noch daß er eine Schwimmweste trägt.

Atmen in Schwierigkeiten kommen können. Leider trifft es zu, daß man auch in anderen Ländern diese englische Mode einzuführen versucht, weil man glaubt, die Engländer geben in der Mopszucht den Ton an, und man sollte sich danach richten. Man muß sich aber nicht nach der letzten (englischen) Mode richten, sondern nach dem Standard, und diese Bitte sollte auch mancher Mops-Richter beherzigen. Leider liest man immer wieder in Richterberichten „schön nasenlos“, was, anatomisch gesehen, schon eine Unmöglichkeit ist und dazu auch noch beweist, daß der betreffende Richter die Rasse nicht genügend kennt, den Standard entweder nicht gelesen oder aber falsch verstanden hat. Richter müßten eher die Züchter unterstützen, die den Mops gesund und vital zu erhalten versuchen. Der Rassestandard läßt das durchaus zu, denn er verlangt weder gesundheitswidrige noch lebensbedrohende Formen.

Rassestandard. Der Standard wurde nicht entworfen, um eine dieser Beschreibung entsprechende Rasse zu züchten. Der Mops-Standard ist aufgestellt worden anhand von Hunden, die einer schon Hunderte von Jahren bestehenden Rasse angehörten und deren beschriebene Merkmale schon längst vorhanden waren. Man kann es unseren modernen Züchtern demnach nicht vorwerfen, daß sie zum Beispiel dem Mops übergroße Augen angezüchtet haben, die bei jedem kleinen Unfall angeblich aus den Augenhöhlen hervortreten sollen. Festgestellt worden ist, daß Augenvorfälle bei Möpsen selten sind. Dazu wäre Gewalt nötig, oder wenn sich durch einen Unfall oder eine Beißerei ein Bluterguß hinterm Augapfel bildet. Aber sogar dann quillt das Auge eher stark hervor, als daß es tatsächlich aus der Augenhöhle fallen würde. Daß der Mops durch die Größe und das etwas Vorstehen der Augen diese sehr oft verletzen würde, stimmt auch nicht. „Mein Hund ist mit seinem Auge gegen einen Zweig, ein Gitter, Tischbein oder dergleichen gelaufen, nun hat er ein Loch.“ Ein Hund mit einem normalen Lidschlagreflex rennt nicht mit seinem Auge gegen Gegenstände, weil die Augenlider sich reflexmäßig schließen, nachdem die Tasthaare um die Augen herum beim Berühren eines Hindernisses diesen Reflex blitzschnell ausgelöst haben.

Neuerdings treten auch bei Möpsen Augenentzündungen auf, erfahrungsgemäß bakteriell oder virusbedingt. Anfänglich fällt dies gar nicht auf, die Augen tränen vielleicht etwas, und der Hund blinzelt ein bißchen, der Besitzer denkt sich noch nichts dabei. Plötzlich ist die ganze Hornhaut bläulich getrübt, und mitten auf dem Auge sieht man ein „Loch“, was in Wirklichkeit ein Geschwür ist. Da der Hund auf der kranken Seite sichtbehindert ist, entsteht tatsächlich die Gefahr, daß er trotz Tasthaare irgendwo anstößt und das Auge weiter verletzt. Dies hat aber nichts mit der Größe des Auges zu tun. Schließlich haben auch Katzen große, frontal gerichtete Augen und eine verhältnismäßig kurze Schnauze. Hier jedoch ist bisher aber niemand auf die Idee gekommen zu behaupten, die Augen wären dadurch leicht verletzlich, und man sollte Katzen kleine Augen anzüchten. Ein aus guter Zucht stammender und demnach ohne Übertreibung gezüchteter Mops, der vernünftig gehalten, richtig gefüttert und ausgiebig bewegt wird, ist ein ganz normaler Hund wie jeder andere. Die vorher schon erwähnte Stereo-Möpsin Pera vom Sanddorn machte mit ihrem Herrchen in den Ferien Fußwanderungen durch den Bayerischen Wald, wobei sie drei Wochen unterwegs waren. Mit meinen eigenen Möpsen gehe ich zweimal täglich mindestens eine Stunde spazieren; im Wald, durch die Heide, über Stock und Stein, und wenn sie dann nach Hause kommen, fangen sie nochmals von vorne an mit einer wilden Spielerei. Der Mops ist zu solchen Leistungen nur fähig, wenn er trainiert ist und in guter, harter Kondition. Wenn man einen Hund mit Süßigkeiten mästet und in der Woche nur dann und wann höchstens mal zum nächsten Baum führt, sollte von dem Tier nicht verlangt werden, daß es plötzlich einen vier Stunden dauernden Gang ohne Schwierigkeiten bewältigt.

So weit über die körperlichen Eigenarten, die zu Problemen führen können, sei es auch nur sehr selten und in den meisten Fällen leicht vorzubeugen. Kurzgefaßt kann man den Mops

Dank seiner Besitzerin die ihrem Mops eine Schwimmweste machen ließ, kann sie ihn ohne Gefahr schwimmen lassen.

In einen Kombi passen viele Möpse.

beschreiben als einen kleinen, lebhaften, liebenswürdigen Hausgenossen und Begleiter auf Spaziergängen oder Reisen. Ohne Aggression, sehr anhänglich, gelehrig und ausgesprochen klug, aber ziemlich dickköpfig; atmet hörbar, und schnarcht im Halbschlaf oder wenn er zufrieden ist. Neigt zu Fettleibigkeit und ist sehr oft recht gefräßig, was sich jedoch durch Konsequenz des Besitzers, vernünftige Fütterung und viel Bewegung im Freien leicht vermeiden beziehungsweise einschränken läßt. Ein Mops strahlt Freude aus, ist immer gut gelaunt, sehr, sehr neugierig, gesellig, immer darauf aus, seinem Herrn zu gefallen. Er wirkt oft ungewollt komisch, wozu sein Äußeres beiträgt. Denn ein Hund, der sich mit einem Kopf voller Sorgenfalten und oft wehmütig dreinschauenden Augen zeigt und dessen Hinterteil ein drolliger, steifgewickelter Ringelschwanz ziert, verführt den Betrachter allein dadurch schon zum Lächeln.

Die Anschaffung

Ein Tier, mit dem man bis zu 16 Jahren zusammenleben wird, manchmal länger, auch etwas kürzer, soll nie ohne Planung und gründliche Überlegung angeschafft werden.

Bevor Sie sich einen Hund anschaffen, sollten Sie erst einmal prüfen, ob Ihre Familie mit dem Kauf und der von Ihnen vorgeschlagenen Rasse einverstanden ist. Sie sollten weiter klären, ob Ihr Hauswirt die Hundehaltung, zum Beispiel den Mops, erlaubt. Und Sie sollten klären, ob in Notfällen Freunde oder Bekannte bereit sind, Ihren Hund zeitweise zu betreuen oder in den Ferien, sofern Sie den Hund nicht mitnehmen können, zu versorgen. Den Mops in einer Hundepension unterzubringen kommt nicht in Frage, weil sich in der Praxis erwiesen hat, daß Möpse solch einen Aufenthalt schlecht vertragen, sei die Pflege und Unterbringung auch noch so gut. Sie sind nun mal als Zwingerhunde ungeeignet.

Die Kosten für Haltung, Fütterung und Impfungen sollte man auch mit einplanen sowie eventuell anfallende Tierarztrechnungen, denn auch der gesündeste Hund kann mal krank werden oder einen Unfall erleiden. In der Bundesrepublik muß man für einen Mopswelpen viel bezahlen, aber den Preis sollten Sie auf mindestens zwölf Jahre umrechnen, denn solange hoffen Sie doch, sich an Ihrem Mops erfreuen zu können. Haben Sie Zeit genug? Sind Sie bereit, Ihren Hund bei jeder Witterung auszuführen? Muß der Hund nicht zu oft und zu lange alleine sein, weil Sie seltener zu Hause sind? Kein Hund und schon gar kein Mops soll täglich länger als vier bis fünf Stunden allein gelassen werden.

Es gibt Leute, die sich lieber einen halbwüchsigen oder gar älteren Hund anschaffen möchten, weil sie meinen, daß Fütterung und Erziehung eines Welpen ihnen zuviel Arbeit machen würde. Diese Leute sollten bedenken, daß erfahrungsgemäß jeder alte Hund viel mehr Arbeit, Zeit, Zuwendung und Geduld verlangt als ein Welpe. Wer diesen Arbeitsaufwand scheut, dem sei geraten, sich lieber keinen Hund und bestimmt keinen Mops anzuschaffen! Es gibt auch Ausnahmen, zum Beispiel ältere Leute, die sich keinen jungen Hund nehmen möchten, weil sie meinen, er könnte sie überleben. Diese Hundefreunde nehmen sich am besten ein Tier, das einen neuen Besitzer haben muß.

Hoffentlich wollen Sie Ihren Mops hauptsächlich als Hausgenossen, auch wenn Sie von Ausstellungen oder gar vom Züchten träumen. Denn, auch wenn ein Welpe noch so vielversprechend ist und aus der allerbesten Zucht stammt, niemand kann vorhersagen, ob der Hund letztendlich diesem Versprechen nachkommt, abgesehen davon, daß auch durch Aufzuchtfehler vieles verdorben werden kann. Bringt Ihr Mops es also nie zu Siegerehren oder zeigt er sich als ungeeignet für die Zucht, kann ich nur hoffen, daß Sie ihn trotzdem lieben und zu schätzen wissen als treues,

Der Gesichtsausdruck dieser Hündin ist typisch, wie es der Rassenstandard verlangt: „Sanft, sorgenvoll und fragend". Ch. Warnsborn Wubbo's Hasseltje, Winster Amsterdam, aus der Zucht der Autorin.

anhängliches und liebenswürdiges Familienmitglied. Wo noch kann man soviel Liebe und Zuneigung kaufen?

Rüde oder Hündin?

Beim Mops sind beide Geschlechter als Hausgenossen gleich gut geeignet, da der Rüde bei dieser Rasse kein Streuner ist und zu stark an Sie gebunden, als das er Sie wegen einer läufigen Hündin vergessen könnte. Mitunter ist der Rüde einer Hündin vorzuziehen, da beispielsweise in dichtbesiedelten Wohngebieten eine läufige Hündin in der Nachbarschaft zu Problemen führen würde. Das kann vorkommen, sofern in der Gegend viele Rüden sind, die womöglich frei herumlaufen und Ihre Hündin besuchen möchten während der Zeit, in der sie für Rüden interessant ist. Die zweimal im Jahr auftretende Hitze, die mindestens drei Wochen dauert, kann unter solchen Umständen sehr unbequem sein. Auch hat man das Risiko, daß die Hündin vielleicht gerade dann läufig wird, wenn Sie Ferien machen wollen. Und mit solch einer attraktiven Dame in Hotels oder auf dem Campingplatz unterwegs zu sein, ist nun auch nicht gerade ein Vergnügen.

Will man trotz allem gerade eine Hündin, weil man annimmt, sie sei sanfter und anschmiegsamer als ein Rüde, aber man möchte die Unannehmlichkeiten der Hitzeperioden vermeiden, gibt es zwei Möglichkeiten. Man kann der Hitze durch Hormonspritzen, die selbstverständlich nur der Tierarzt geben kann, vorbeugen, oder man läßt die Hündin nach der zweiten oder dritten Hitze kastrieren, das heißt Eierstöcke und Gebärmutter entfernen.

Beide Lösungen sind nicht ideal, aber von einer Spritzenbehandlung möchte ich dringend abraten. Erstens besteht die Gefahr, daß die Hündin irgendwie hormonal gestört wird, und zweitens erhöht es die Gefahr für Gebärmuttervereiterung. Es trifft nicht zu, daß es für die Gesundheit von beiden Geschlechtern notwendig sei, daß sie mindestens einmal decken beziehungsweise gedeckt werden müßten. Die Mehrzahl der Hunde bleibt gesund und wird alt, ohne je für die Zucht benutzt worden zu sein. Und außerdem: Wo blieben wir, wenn mit allen Hunden gezüchtet werden würde, wo es in unseren Ländern ohnehin schon einen Überschuß an unerwünschten und oft ausgesetzten Hunden gibt?

Farbe und Eigenarten

Beim Mops hat man die Wahl zwischen einfarbig Schwarz oder Beige mit schwarzen Abzeichen. Der Vorzug einer bestimmten Farbe ist natürlich reine Geschmackssache, denn charakterlich sind beide gleich, aber es gibt auch Tierfreunde, die keinen schwarzen Hund haben möchten.

Die Beigefarbenen haben insofern mehr Ausdrucksfähigkeiten, als man die Falten besser sieht. Gerade die Falten geben dem Mops ein lebhaftes Minenspiel, und die Abzeichen allein verschaffen einen lebhaften Ausdruck. Auch muß gesagt werden, daß ein schwarzer Mops nur wirklich schön aussieht, wenn sein Fell tiefschwarz und glänzend ist, ohne rötlichen Anflug. Dem schwarzen Mops sieht man den Haarwechsel eher an als dem beigefarbenen, und zwar weil das Fell dann oft stumpf und glanzlos ist, was bei ihm um so mehr auffällt.

Eine weitere Überlegung bei der Anschaffung eines Mopses ist, ob man seine rassespezifischen Eigenarten schätzen und vertragen kann, wie zum Beispiel seine Dickköpfigkeit, die hörbare Atmung, das Schnarchen und die „Anhänglichkeit" seiner losen Haare in der Zeit des Haarwechsels. Wenn Sie einen ein wenig eigensinnigen Hund gerade gern mögen, Sie alles andere bei ihm in Kauf nehmen wollen, das Schnarchen und behagliche Grunzen als gemütlich und beruhigend empfinden, dann dürfte ein Mops für Sie „der" Hund sein.

Wie und wo bekomme ich einen Mops?

Wenn Sie ein absoluter Neuling sind, erkundigen Sie sich am besten erst bei den diversen Vereinen, die den Mops betreuen, oder aber beim VDH (siehe Anhang) nach entsprechenden Züchteradressen.

Auch beim Kontakt mit Züchtern sollte man ruhig kritisch sein. Diejenigen, die die höchsten Preise für ihre Welpen verlangen, müssen nicht unbedingt auch die besten Tiere haben. Das gleiche gilt für Züchter, die in Tageszeitungen und Fachzeitschriften laufend Welpen anbieten. Möpse sind nicht geeignet, massenweise produziert zu werden, und in Zwingern, wo dauernd mehrere Würfe zur gleichen Zeit aufgezogen werden müssen, kommt viel Wichtiges in den verschiedenen Entwicklungsphasen der Welpen zu kurz.

Wenn Sie in einem Zwinger die Welpen in Käfigen oder in isolierten sogenannten Hundezimmern antreffen, sollten Sie lieber vom Kauf absehen. Mopsjunge werden am besten in menschlicher Gesellschaft aufgezogen, so daß sie beizeiten engsten Kontakt mit Menschen haben und sich charakterlich voll entwickeln können. Mopswelpen sollten nicht vor der zehnten oder elften Woche abgegeben werden. Auch müssen sie dann voll geimpft sein. Selbstverständlich sollen Sauberkeit und Ordnung herrschen, die Welpen müssen reichlich Platz haben, einen gutgepflegten und -ernährten Eindruck machen, Gelegenheit haben, regelmäßig an frischer Luft zu spielen, und auch die Möglichkeit, sich in Ruhe zurückziehen zu können zum Schlafen.

Wenn der Züchter Sie auf Herz und Nieren prüft und viele Fragen stellt, sollten Sie ihm das nicht verübeln, sondern es zu schätzen wissen. Ein Züchter mit Herz für seine Tiere wird auch Wert darauf legen, mit Ihnen in Kontakt zu bleiben, damit er sich über die Entwicklung und das Wohlergehen seiner „Kinder" auch weiter informieren kann. Auch das sollten Sie schätzen. Scheuen Sie sich nicht, Mopsbesitzer mal anzusprechen und sich bei ihnen zu erkundigen, woher sie den Hund haben, ob sie zufrieden sind oder vielleicht schlechte Erfahrungen mit diesem oder jenem Züchter hatten.

Zuletzt möchte ich raten, sich weitere Fachliteratur anzuschaffen oder in Bibliotheken auszuleihen. Denn bevor man einen Hund ins Haus holt, sollte man sich über Haltung und Aufzucht, Ernährung und andere diesbezügliche Maßnahmen so gründlich wie irgend möglich informieren.

Aufzucht und Pflege

Trotz seines Eigensinns ist der Mops im Grunde genommen doch leicht zu erziehen. Seine Lernfreudigkeit, sein Bedürfnis und Eifer, seinem Herrn zu gefallen, tragen sehr dazu bei. Er fügt sich leicht, solange er nur bei seinem Herrn sein darf. Obwohl er recht schwerfällig reagieren kann, wenn Sie ihm etwas verbieten oder Sie einen Befehl vielleicht mehrmals wiederholen müssen, er weiß ganz genau, wann Sie wirklich ärgerlich werden. Man muß darauf gefaßt sein, daß ein Mops oft ausprobiert, wie weit er mit seinem Unfug gehen kann. Bei Welpen gilt vor allem: Vorbeugen ist besser (oder weniger erschöpfend) als Heilen.

Gefährliche Gegenstände, unverdauliche oder giftige Substanzen bringe man lieber außer Reichweite eines Welpen, statt dauernd beachten zu müssen, was zu verbieten ist. Giftige Pflanzen und Schädlingsbekämpfungsmittel werden selbstverständlich unerreichbar aufgehoben. Zu berücksichtigen ist auch die große Neugierde eines Mopswelpen und sein grenzenloses Vertrauen, es könne ihm nichts Böses passieren, wodurch er mitunter in gefährliche Situationen geraten kann. Wenn man einen Welpen oder Junghund im Hause hat, müssen Türen immer gut zugemacht werden. Muß man den Welpen für längere Zeit ohne Aufsicht lassen, bekommt er einen Platz zugewiesen, wo er an nichts Gefährliches kommen oder Unfug anstellen kann.

Jeder Hund ist im Grunde „nestsauber", das heißt, er beschmutzt sein eigenes Plätzchen nicht. Saugwelpen versuchen, oft noch blind, schon ihre Geschäfte außerhalb des Lagers zu erledigen, und man sollte ihnen dazu Gelegenheit verschaffen.

Kommt ein Welpe in ein anderes Zuhause, dann muß ihm gezeigt werden, wo er sein Häuflein oder seinen Bach hinmachen darf. Sie haben die Aufgabe, solch ein Hundebaby nach jeder Mahlzeit, nach dem Spiel, beim Aufwachen oder jedesmal, wenn er durch Schnüffeln oder Drehen angibt, daß er sich lösen muß, dorthin zu bringen, wo er das darf. Macht er das auf Anhieb oder erst, nachdem er sich draußen nach einiger Zeit erinnert, daß er mußte, dann loben Sie den kleinen Kerl. Haben Sie drinnen nicht aufgepaßt und ist das

Unglück schon geschehen, dann hilft auch keine Strafe mehr. Wenn Sie ihn auf „frischer Tat“ ertappen, dann ist ein lautes „Pfui!“ mehr als genug. Schlagen oder den kleinen Wurm gar mit der Nase in seinen eigenen Schmutz stecken, ist nicht nur sinnlos, sondern auch dumm und grausam für ihn. Das Resultat wäre, daß der Welpe sich verkriecht und sein Bedürfnis irgendwo heimlich erledigt.

Sehr oft ist ein Welpe schon beim Züchter an ein Halsband gewöhnt. Wenn nicht, dann sollte er mehrmals am Tage mit einem weichen Bändchen für einige Zeit herumlaufen. Ist er einmal an das Halsband gewöhnt, kann man beginnen, ihn an der Leine laufen zu lassen. Manche Möpse sind begabt und laufen gleich brav ohne zu bocken mit. Manche reagieren etwas panisch, sobald sie den Zug am Halsband spüren. Ihnen binde man eine Schnur ans Halsband und lasse sie sich so allmählich daran gewöhnen, daß das Halsband eine Verlängerung hat. Danach versucht man vorsichtig, die Leine oder Schnur in die Hand zu nehmen und zunächst dem Welpen zu folgen, wenn er wegläuft. Meistens haben sie bald begriffen, daß es alles nicht so gefährlich und angsteinflößend ist, als sie zuerst dachten, und laufen auf einmal brav mit.

Man halte sich bei Welpen konsequent an feste Futterzeiten und füttere zuerst dasjenige und in den Mengen, wie es der Welpe beim Züchter gewöhnt war. In den ersten Tagen wird es mit den Mahlzeiten vielleicht nicht so recht klappen. Die Ablenkung, die vielen neuen Eindrücke, die er verarbeiten muß, dazu ohne Mutter und Geschwister, hindern ihn daran. Dies wird mit der Zeit immer besser. Die Unterbringung ist anfangs ganz einfach. Man braucht einen großen Pappkarton, aus dessen einer Seite soviel weggeschnitten wird, daß der Einstieg gut funktioniert. In dieses „Bett“ legt man eine weiche Decke oder ein warmes Tuch und stellt das Ganze dorthin, wo das Lager des Hundes fortan bleiben soll. Günstig steht es auch neben Ihrem Bett, so daß Sie den Welpen in den ersten Nächten beruhigen können, wenn er sich einsam fühlt. Von einem teuren Korb bleibt nach kurzer Zeit bestimmt nur wenig übrig, da ein Mopswelpe, wenn er mal unbeaufsichtigt ist, gern seine Zähnchen daran ausprobiert. Außerdem stellt ein Pappkarton eine Art Höhle dar, in der ein kleines, verlassenes „Puppy“ sich sicher und geborgen fühlt. Als Spielzeug sind Kuhhufe und Kauknochen aus Büffelleder, die in jedem Zoogeschäft erhältlich sind, die sichersten Sachen, an denen ein Welpe sein Nagebedürfnis befriedigen kann.

Was es nicht alles so gibt …

Auf splitternde Knochen vom Schwein oder Geflügel ist unbedingt zu verzichten; Kalbsknochen sind zwar gut, aber man sei vorsichtig, daß der Welpe nicht zuviel davon bekommt, weil dieses zu Verstopfungen führen kann. Knochen vom Rind halte ich für Möpse als etwas zu groß und zu hart. Gummispielzeug kann gefährlich sein, da Stückchen abgebissen und heruntergeschluckt werden können. Und auf die oft angebotenen, weichen Gummispieltiere sollte man lieber auch verzichten, da sie leicht zerlegt und ebenfalls in Fetzen heruntergeschluckt werden können.

Zu beachten sind auch auf dem Boden liegende Nadeln, Stecknadeln, Heftzwecken; auch Schnüre werden gern verzehrt, was natürlich durchweg gefährlich ist. Oft denkt man, daß ein alter Schuh oder Pantoffel ein wunderschönes Spielzeug ist, aber woher soll der Welpe wissen, daß er neue Schuhe in Ruhe lassen soll und nur mit den alten spielen darf?

Sie werden manchmal verzweifelt sein über den Einfallsreichtum Ihres Welpen, aber trösten Sie sich mit dem Gedanken, daß auch er einmal ein „vernünftiger" Hund sein wird, obwohl ich leider gestehen muß, daß Möpse auch im erwachsenen Alter in dieser Hinsicht oft sehr beharrlich sind. Bei alledem kann man sich nichts Interessanteres und Netteres denken als das Beobachten eines heranwachsenden Welpen.

Pflegebeispiele Fell.

Täglich mit einer mittelharten Bürste mit dem Haarstrich tüchtig bearbeiten und eventuell mit einem mittelfeinen Kamm durchkämmen. Dabei wird auf Ungeziefer oder mögliche Schädigungen der Haut durch Kratzen geachtet.

Ohren. Regelmäßig kontrollieren. Sie müssen sauber aussehen und sauber riechen. Manchmal haben Möpse etwas reichlich Ohrenschmalz, eine hellbraune, pastenähnliche Masse, die man am besten mit einem Wattebausch, in zum Beispiel Neoballistol-Öl getränkt, entfernt. Riecht das Ohr und sieht man eine bröckelige, schwärzliche Substanz, dann sollte man lieber zum Tierarzt gehen.

Augen. Oft haben Hunde morgens nach dem Aufwachen etwas Schleim in den Augenwinkeln. Der läßt sich mit einem in etwas kaltem Tee oder abgekochtem Wasser getränkten Wattebausch entfernen.

Bei der täglichen Kontrolle achte man beim Mops auf die Rötung des Augenweißes, eventuelle Schwellung der Augenlider, übermäßiges Tränen der Augen. Wenn Ihr Mops mit einem Auge etwas blinzelt, kann dies eine entstehende Entzündung andeuten. Man hält für solche Fälle eine Tube Augensalbe als Erste Hilfe bereit, und die ersten Anzeichen einer Entzündung behandele man dreimal täglich mit dieser Salbe. Man drücke einen Tropfen in den offengehaltenen unteren Lidsack, schließe dann das Auge und massiere vorsichtig die Salbenmasse über den Augapfel.

Wenn das Blinzeln danach bald vorübergeht, handelt es sich um eine akute leichte Reizung durch Zug oder Staub. Falls das Blinzeln bleibt, ist es eine Entzündung, die der Tierarzt behandeln muß.

Gebiß. Wie beim Menschen haben auch Hunde eine mehr oder weniger starke Veranlagung zur Zahnsteinbildung. Es schadet nichts, wenn Sie Ihrem Hund täglich die Zähne putzen, ob es auch nutzt, ist fraglich. Man achte beim Mops unbedingt auf „doppelte" Zähne, das sind Milchzähne, die beim Zahnwechsel im Kiefer geblieben sind. Mit neun Monaten sollte man die steckengebliebenen Milchzähne entfernen (lassen), um einer Fehlstellung der bleibenden Zähne vorzubeugen.

Nasen- und Gesichtsfalten. Bei Möpsen mit einer gesunden Haut ist meistens die Nasenfalte trocken und sauber. Im Haarwechsel oder bei Möpsen, die generell zu Ekzemen neigen, kann es vorkommen, daß die Nasenfalte feucht wird und sich entzündet. Oft bildet sich dann eine dunkelbraune, pastenähnliche Masse, die recht übel riechen kann, und die Haut ist irritiert und gerötet. Es kann sogar zu Eiterbildung kommen.

Man sollte es nicht so weit kommen lassen, und sobald man merkt, daß die Haut dort sich rötet und feucht wird, etwas Vaseline oder Calendula-Salbe vorsichtig auftragen. Kommt es trotzdem zu einem Ekzem, dann überlassen Sie die Behandlung lieber dem Tierarzt. Bei Möpsen habe ich noch nie festgestellt, daß sich die Gesichtsfalten

Im Gegensatz zu anderen Kleinhunderassen sind sehr große Würfe bis zu acht (oder gar mehr) Welpen bei Möpsen eher die Regel als die Ausnahme. Es ist für Züchter keine leichte Aufgabe, einen so großen Wurf so aufzuziehen, daß alle Welpen gleichmäßig wachsen und sich entwickeln. Möpse sind zwar glänzende Mütter, aber bei so vielen Kindern muß der Züchter doch etwas nachhelfen.

entzündeten, wie es bei Bulldoggen vorkommen soll.

Krallen. Trotz korrekter Fußform und ausreichender Bewegung auf hartem Boden wachsen die Krallen bei manchen Möpsen zu stark, so daß sie regelmäßig geschnitten werden müssen. Das lasse man sich am besten von einem Tierarzt, Züchter oder in einem Trimm-Shop zeigen.

Züchten – ja oder nein?

Jedem Laien ohne Erfahrung in der Tierzucht möchte ich dringend raten, von der Mopszucht abzulassen. Sie werden vielleicht sagen, daß alle Züchter doch einmal Anfänger waren.

Aber die meisten erfolgreichen Züchter haben sich zuvor sehr gründlich auf ihren ersten Wurf vorbereitet und sich danach noch lange von anderen, erfahrenen Züchtern beraten lassen.

Es gibt in der Bundesrepublik Deutschland keine praktischen Ausbildungsinstitute für die Hundezucht, wie

Es kommt auch mal vor, daß eine andere Hündin spontan anfängt Milch zu produzieren und sich genauso um die Welpen kümmert als wären es ihre eigenen.

So entwickelt sich ein Mopswelpe. Links oben: Gerade geboren. Rechts oben: 2 Wochen alt. Links unten: 6 Wochen. Rechts unten sieht der Rüde Warnsborn Sytse im Alter von 10 Wochen schon aus wie ein vielversprechender Mops.

sie zum Beispiel in England vorhanden sind, so daß derjenige, der Mopszüchter werden will, die praktische Erfahrung nur bei bewährten Züchtern erwerben kann.

Auch kommt man ohne Kenntnisse über Hundezucht, Vererbungslehre, Verhaltenslehre und -entwicklung bei Hunden, insbesondere ihre Entwicklungsphasen im Welpenalter nicht aus.

Es gibt genügend Literatur auf diesen Gebieten, ich möchte Ihnen raten, zumindest folgende Bücher gründlich zu lesen:

Hans Räber, „Brevier Neuzeitlicher Hundezucht", von Burns & Fraser „Die Vererbung des Hundes" und von Eberhard Trumler „Hunde ernst genommen".

Mit der erwähnten Erfahrung bei einem Züchter und den Grundkenntnissen, die Sie sich aus den zuvor genannten Büchern erworben haben, ist es aber noch lange nicht getan.

Hundezucht ist eine sehr ernst zu nehmende Tätigkeit. Die richtige Einstellung ist die erste Voraussetzung, Tierliebe und ein sehr hohes Maß an Verantwortungsgefühl für Tier und Rasse müssen dazukommen. Man sollte auch die Fähigkeit besitzen, die theoretischen Kenntnisse, die man sich durch eifriges Studieren zu eigen gemacht hat, dann in die Praxis umsetzen zu können.

Wie schon in einem anderen Kapitel gesagt, ist es Unsinn zu glauben, daß Rüde oder Hündin ihrer Gesundheit oder Wesensentwicklung wegen mindestens einmal zur Zucht herangezogen werden müßten. Bevor Sie auch nur daran denken, mit Ihrer Hündin einen Wurf Möpse zu züchten, sollten Sie folgendes überlegen:

1. Haben Sie genug Zeit, Raum und Geld, um einen vielleicht sehr großen Wurf Möpse artgemäß und richtig aufzuziehen?

2. Ist Ihre Hündin als Vertreternin ihrer Rasse und abstammungsgemäß wirklich so hervorragend, daß sie mit ihren Welpen einen positiven Beitrag leisten würde zur stetigen Verbesserung der Rasse?

3. Sind Sie sicher, daß Ihre Hündin auch körperlich, wesensmäßig und gesundheitlich als Zuchthündin geeignet ist?

4. Sind Sie sich bewußt, daß es für einen sich großer Verantwortlichkeit bewußten Züchter Pflicht ist, geeignete neue Besitzer zu finden, und daß Welpenverkauf nicht heißt, die Welpen an jeden beliebigen Bewerber abzugeben, der mit viel Geld in der Hand zu Ihnen kommt?

5. Sind Sie in der Lage, einen oder mehrere Welpen, die mit zwölf Wochen noch keinen geeigneten Platz gefunden haben, für längere Zeit zu behalten, artgerecht zu pflegen und aufzuziehen?

6. Sind Sie bereit, im Sinne des Rassestandards schöne, gesunde und wesensfeste Möpse zu züchten? Wenn nicht, dann lassen Sie es – bitte – sein und suchen sich ein anderes Hobby. Ziehen Sie trotzdem mit Ihrer Hündin

In diesem großen Wurf haben es alle 8 Welpen geschafft. Dank bester Veranlagung, guter Abstammung aus bewährter Zucht und optimaler Aufzucht. Auf dem Bild sind die Welpen drei Monate alt.

einen oder mehrere Würfe, dann sind Sie kein Züchter, sondern bloß ein Vermehrer.

Falls Sie mit diesen guten Vorsätzen als Züchter angefangen haben, vergessen Sie aber nicht, daß Sie bereit sein müssen, immer wieder Neues dazuzulernen, weil auch der erfahrenste Züchter nie ausgelernt hat.

Bei jedem Wurf muß man immer wieder ehrfürchtig staunen über das große Wunder, daß aus einer winzigen Zelle in knapp neun Wochen ein vollkommenes kleines Wesen heranwächst, das sich nach der Geburt wiederum in verhältnismäßig kurzer Zeit zu einem ausgewachsenen Vertreter seiner Gattung und Rasse entwickelt hat!

Ausstellen – ja oder nein?

Jeder Mopsbesitzer sollte zumindest einmal mit seinem Hund an einer Hundeausstellung teilnehmen, weil es – ob man gewinnt oder nicht – ein interessantes Erlebnis ist, einmal mitzumachen in dem Schönheitszirkus.

Man kann dort seinen Hund mit anderen vergleichen, man trifft sich mit anderen Hundeleuten, den „Mopsverrückten" insbesondere, und man kann sich dort viele lustige und interessante Geschichten und Erlebnisse erzählen lassen.

Wenn Sie das Glück haben, einen Mops-Spezialrichter als Beurteiler Ihres Hundes zu treffen, der sich Mühe gibt, sich mit jedem ihm gezeigten Hund ausführlich zu befassen, und in seinem Richter-Bericht ein wirklich vollständiges Urteil abgibt, dann können Sie dadurch auch so einiges über Ihren Hund lernen und die Bewertung verstehen. In allen Fachzeitschriften, zum Beispiel in „Unser Rassehund", finden Sie Informationen darüber, wo und wie Sie Anmeldeformulare für die Hundeausstellungen bekommen können. Auch die Termine und Orte, wann und wo diese Veranstaltungen stattfinden, werden veröffentlicht. Gehen Sie erst einmal ohne Hund dorthin, um sich umzusehen, was ein Aussteller im Ring so alles machen muß, oder lesen Sie zuallererst das Buch „Dein Hund auf Ausstellungen" von Peter Beyersdorf. Zu Hause können Sie ja schon mal mit Ihrem Hund üben!

Es kann gut sein, daß Sie am Ausstellen großen Gefallen finden, daß Sie sich zum begeisterten Aussteller entwickeln und die regelmäßige Teilnahme an Hundeausstellungen zu einem echten Hobby für Sie wird.

Wie man seinen Mops noch weiter sportlich beschäftigen kann

Außer Gehorsamkeitsübungen, Kursen und Wettkämpfen bestehen neuerdings noch weitere Möglichkeiten, sich, zusammen mit seinem Mops, sportlich zu betätigen.

In England und den USA gibt es schon seit einiger Zeit das sogenannte „Agility" und „Flyball".

Auch ein erwachsener Mops soll eine lose Haut haben. Vor allem am Kopf, wodurch sich viele Stirnfalten und am Hals eine deutliche Wamme bilden. Bei ganz jungen Welpen fängt diese Faltenbildung schon an. Die hier abgebildete 3 Monate alte Hündin sieht dadurch schon sehr „erwachsen" aus.

Hierbei geht es um die Geschicklichkeit von Hund und Besitzer, die vielen Teile des Programms zu erfüllen. Es verlangt ein gutes Zusammenspiel zwischen Mensch und Hund.

Agility heißt: Aktiver Sport für alle Hundehalter und für alle Hunde und beruht auf der Grundlage von artgerechter Ausbildung ohne Aggressivität. Agility bedeutet Freude, Begeisterung sowie Sportlichkeit und stellt die Führer-Hund-Beziehung in den Vordergrund.

Gehorsam, Folgsamkeit und Spielfreude sind Grundlagen für diesen Sport, der auch auf dem europäischen Kontinent begeisterte Anhänger gefunden hat.

„Flyball" kann man nur übersetzen als „Fliegender Ball". Es ist ein Mannschaftsspiel, bei dem die Hunde auf nebeneinanderliegenden Bahnen laufen, Hindernisse überwinden und Bälle apportieren müssen.

In Deutschland gibt der DGV (Deutscher Gebrauchshundeverband), Gustav-Sybrecht-Straße 42, 44536 Lünen, Tel.: (02 31) 8 79 49 Auskunft, wo solche Kurse abgehalten werden.

Möpse sind begeisterte Begleiter und Spielkameraden für Kinder. Allerdings sollte es den Kindern klargemacht werden, daß der Hund kein Spielzeug ist, mit dem sie nach Belieben machen dürfen, was einem einfällt. Bei diesem kleinen Jungen braucht man sich in der Hinsicht keine Sorgen zu machen, so sorgsam und vorsichtig wie er mit den Welpen umgeht.

Die Geschichte des Mops von Winnenden
(anonym)

Ein kleiner Mopshund, wohlgeboren,
der hatte seinen Herrn verloren –
vor Belgrad war's im Türkenkrieg,
als Prinz Eugen behielt den Sieg.
Im Kriegsgeschrei und Pulverdampf,
In Roßgewieher und -gestampf,
da sahn sie plötzlich sich nicht mehr.
Der Mops lief ratlos hin und her,
hat viel geschnuppert und gebellt!
Längst saß sein Herr im Feldherrnzelt
mit den andern Generälen,
die konnten alle viel erzählen,
von sich und ihren Heldentaten
und von denen der Soldaten.
Daß einen Mopshund er besessen,
das hat er leider ganz vergessen.
Der hat sich aber bald besonnen
und nach Haus den Weg genommen.
Elf Tage lang ist er gerannt,
von Belgrad heim ins Schwabenland!
Wie hat man ihn im Schloß begrüßt,
gestreichelt und ihn abgeküßt!
Die Köchin hat ihm hingestellt
das beste Futter von der Welt!
Ein Denkmal hat man ihm errichtet,
drauf einen schönen Spruch gedichtet,
in Stein gehauen – nicht aus Holz –
und alle waren auf ihn stolz.

Ernährung

Der Hund braucht mehr als Fleisch

Leben ist Bewegung. Leben ist Wachstum. Leben ist Stoffwechsel. Damit Lebensvorgänge ablaufen können, muß sich das Lebewesen ernähren. Der Zweck der Ernährung ist es, dem Körper Nährstoffe zuzuführen. Diese dienen der Bewegung, indem sie Energie liefern, dienen dem Wachstum, indem sie die Baustoffe darstellen, dienen dem Stoffwechsel, indem sie verbrauchte Substanzen ersetzen. Nährstoffe befinden sich in der Nahrung. Tiere sind von organischen Stoffen abhängig. Diese gehen sämtlich auf Stoffwechselprodukte der Pflanzen zurück.

Der Hund als Nachfahre des Wolfes steht am Ende der Nahrungskette. Er verwertet nicht die Pflanze selbst, sondern pflanzenfressende Tiere. Die wildlebenden Ahnen unseres Hundes verzehrten ihre Beute meist vollständig. Von daher geht der Begriff „Fleischfresser" am Kern vorbei. Denn nicht nur Muskelfleisch, sondern ebenso die Knochen, Sehnen, das Fell und natürlich die Innereien samt dem pflanzlichen Inhalt wurden verschlungen. Treffender ist also die Bezeichnung „Beutetierfresser".

- Der Hund steht am Ende der Nahrungskette.
- Der Hund benötigt neben Fleisch auch Fett, Mineralstoffe, Vitamine und pflanzliche Materialien.
- Der Hund ist ein Beutetierfresser.

Das Verdauungssystem spaltet die Nahrung auf

Dem Wolf wie auch seinem Nachfahren Hund sind eine Reihe spezialisierter Organe eigen, mit denen er seine Nahrung beschaffen, zerkleinern und verwerten kann. Die Zähne dienen dem Ergreifen und Zerteilen der Beute. Mit Hilfe des Speichels gleitfähiger gemacht, gelangt die Nahrung durch die sehr dehnbare Speiseröhre in den Magen. Hier erfolgt eine erste Aufspaltung der einzelnen Bestandteile. Dieser Vorgang wird im Dünndarm fortgesetzt. Unverzichtbare Hilfe leisten dabei Verdauungsenzyme, die in

Bei Gelegenheit des Geburtstages der Königlichen Hoheit Prinzessin von Hessen und bei Rhein wurde 1973 im Schloßmuseum Darmstadt eine „Mopsiade", eine Ausstellung mit Möpse darstellenden Kunstgegenständen aus drei Jahrhunderten veranstaltet, 202 Gegenstände waren zu bewundern. Ein unvergeßliches Erlebnis! Aus dem Katalog stammt das nebenstehende Bild eines Porzellan-Mopses aus dem Jahre 1750. Besitz des Nationalmuseums München.

der Bauchspeicheldrüse gebildet werden. Ihre Aufgabe ist die biochemische Zerkleinerung der Nährstoffe bis auf die Grundbausteine. Nur so zerlegt ist die Nahrung letztendlich verwertbar. Die Nährstoffe werden dann von der Darmschleimhaut aufgenommen und mit Hilfe des Blutkreislaufs in jede noch so entlegene Zelle des Körpers transportiert. Dort erst erfüllen sie ihre eigentliche Funktion. Im Muskel beispielsweise wird die biochemische Energie bestimmter Nährstoffe in Bewegungsenergie umgewandelt, im

Knochen dienen andere Nährstoffe als Bausteine den Wachstumsvorgängen. Unverwertbare Bestandteile der Nahrung gelangen in den Dickdarm und werden wieder ausgeschieden.

– Die Nahrung muß aufgespaltet werden, um verwertbar zu sein.

– Die Aufspaltung erfolgt hauptsächlich im Darm.

– Die Nährstoffe werden mit dem Blutkreislauf aus dem Darm in alle Körperzellen transportiert.

Hohe Energieausbeute nur bei hochverdaulicher Nahrung

Ob unser Mops läuft, springt, mit dem Schwanz wedelt oder vielleicht nur daliegt und Herrchen oder Frauchen beim Lesen zuschaut – jeder dieser Vorgänge braucht Energie, sie ist die treibende Kraft aller Lebensvorgänge. Unser Hund bezieht sie aus seinem Futter. In biochemischer Form gespeichert, gelangt Energie in den Körper und wird dort in die unterschiedlichsten Lebensäußerungen umgewandelt. Bei diesen Umwandlungsprozessen gibt es Verluste. Über Kot und Harn werden Stoffe ausgeschieden, die noch Energie speichern. Auch Wärmeverluste schmälern die Energieausbeute für den Organismus. Dennoch hat das Energieumwandlungssystem „Hund" einen höheren Wirkungsgrad als jedes vom Menschen ersonnene. Eines liegt jedoch auf der Hand: Je höher die Verdaulichkeit der Nahrung ist, desto geringer sind die Energieverluste für den Hund.

– Ohne Energie gibt es kein Leben.

– Die Energie ist in der Nahrung.

– Je höher die Nahrung verdaulich ist, desto besser wird sie verwertet.

Eiweiße sind Baustoff, Energieträger und Wirkstoff zugleich

Jeder Hund benötigt über fünfzig verschiedene Nährstoffe, und zwar Tag für Tag, ein Leben lang. Man kann diese der besseren Übersichtlichkeit halber in Hauptnährstoffgruppen zusammenfassen. Eine wesentliche dieser Gruppen wird von den Eiweißen oder Proteinen gebildet. Sie stellen wichtige Körperbausteine dar. Nur eine einzige Körpersubstanz überhaupt enthält keine Eiweiße als Baustein, und das ist der Zahnschmelz. Alle anderen Gewebe, ob nun Muskel, Nerven, Haut oder innere Organe, bestehen in irgendeiner Form aus Eiweißen. Sogar der Knochen enthält nicht nur Mineralstoffe, sondern eben auch Gerüstproteine. Darüber hinaus werden wichtige Wirkstoffe wie Enzyme und Hormone durch Eiweiße

Der Traum eines jeden Züchters: Sein Mops wird Bester der Spezialzuchtschau für Möpse.

aufgebaut. Außerdem sind Eiweiße eine Energiequelle für Hunde. Die Energieausbeute beim Abbau der Eiweiße ist jedoch nicht besonders hoch. In dieser Hinsicht ist die Nutzung von Fetten effizienter. Fette sind die für den Hund günstigste Energiequelle. Die Ausbeute bei ihrem biochemischen Abbau ist um etwa ein Drittel höher als bei Eiweißen. Fette sind jedoch nicht nur Energielieferanten. Sie stellen auch wichtige Bausteine für Zellmembranen dar und sind unverzichtbarer Bestandteil von bestimmten Hormonen und Vitaminen. Kohlenhydrate kommen in der Natur in großen Mengen in Pflanzen vor. Das Verdauungssystem des Hundes kann diese nur in erhitzter Form spalten. Dann stellen einige Kohlenhydrate jedoch gute Energielieferanten dar. Weiterhin dienen Kohlenhydrate als Ballaststoffe. In dieser Funktion regen sie die Darmbewegung an und sind so für die Passage der Nahrung durch den Darm unerläßlich. Ebenso wichtige, jedoch grundsätzlich andere Aufgaben erfüllen die Mineralstoffe. Die bekanntesten unter ihnen, Kalzium und Phosphor, bilden die Hauptbestandteile der Knochen. Sie fungieren also als Baustoff. Andere Mineralstoffe werden im Stoffwechsel von Substanzen benötigt, welche Steuer- und Regelungsmechanismen bedienen. So gibt es eine Reihe von Enzymen und Hormonen, die ohne die Anwesenheit bestimmter Mineralstoffe wirkungslos blieben. Weiterhin laufen so wichtige Vorgänge wie Blutgerinnung, Muskelkontraktionen oder die Erregungsleitung in Nerven nur ab, wenn die dazugehörigen Mineralstoffe dem Körper über die Nahrung zugeführt werden. Die Gruppe der Mineralstoffe kann man noch einmal unterteilen in Mengenelemente (von diesen wird ein bedeutendes Quantum täglich benötigt) und Spurenelemente (hiervon reichen oft schon ganz geringe Mengen im Mikrogrammbereich aus). Schließlich müssen noch die Vitamine in der Nahrung sein, von denen es fettlösliche und wasserlösliche gibt. Vitamine haben lebenswichtige Steuerfunktionen, dienen dem Sehvermögen, der Krankheitsabwehr oder dem Energiestoffwechsel.

– Eiweiße sind Baustoff, Energieträger und Wirkstoff zugleich.

– Fette sind die günstigste Energiequelle.

– Mineralstoffe bauen das Skelett auf und steuern lebenswichtige Vorgänge im Stoffwechsel

– Vitamine regeln unverzichtbare Lebensprozesse.

Wachsende Hunde benötigen spezielle Nahrung

Die moderne Tiermedizin hat die Besonderheiten des Hundestoffwechsels genau untersucht. So besteht heute die Möglichkeit, nicht allein den Energiebedarf eines heranwachsenden Hundes genau anzugeben, sondern auch seinen Bedarf an Kohlenhydraten, Eiweißen und Fetten sowie Mineralstoffen und Vitaminen. Dies ist entscheidend, wenn man das Ziel hat, durch eine artgerechte Bilanzierung von Nahrungsbestandteilen eine gesunde Hundeentwicklung zu fördern.

Ein gutes Beispiel dafür ist der Bewegungsapparat. Mit Hilfe von Messungen der Wachstumsgeschwindigkeit der Knochen, Röntgenaufnahmen des Bewegungsapparates, Bestimmungen der Knochendichte, Vergleich von vielen hundert gesund aufgewachsenen Hunden und weiteren Untersuchungsverfahren ist der Bedarf an Kalzium und Phosphor genau festgestellt worden. Aufgrund dieser Zahlen sind wissenschaftlich exakte Empfehlungen für die Versorgung mit diesen Mengenelementen möglich – und zwar jeden Monat im Leben eines wachsenden Hundes.

Wegen des hohen Bedarfs der Welpen an knochenaufbauenden Mineralstoffen liegt der Kalzium- und Phosphorbedarf in den ersten beiden Lebensmonaten rund viermal höher als beim erwachsenen Hund. Mit zunehmender Mineralisierung der Knochen nimmt er im Laufe des Wachstums stetig ab.

Um ein gleichmäßiges Knochenwachstum und eine gesunde Skelettentwicklung zu erreichen, kann die Versorgung mit Kalzium und Phosphor eigentlich nur durch eine ausgewogene, altersangepaßte Vollnahrung problemlos gewährleistet werden.

Eine Selbstherstellung von Hundenahrung ist wegen der möglichen Unter- oder Überversorgung mit lebenswichtigen Nährstoffen insbesondere bei Welpen sehr kritisch. So ist in „Eigenmischungen" das Kalzium-/Phosphor-Verhältnis meist nicht korrekt ausbilanziert.

Die Wachstumsrate junger Hunde und die Unterschiede zwischen einzelnen Hunden werden übrigens nicht allein durch Erbanlagen bestimmt. Auch äußere Faktoren wie Ernährung, Klima oder Krankheiten sind wichtig. Eine optimale Gestaltung der äußeren Einflußfaktoren kann das Wachstum im positiven Sinne beeinflussen – also eine artgerechte, angemessene Ernährung, gute Haltungsbedingungen und eine vernünftige Krankheitsverhütung, zum Beispiel durch Impfungen. Da es bei jedem Hund Unterschiede der äußeren Bedingungen gibt, variiert die Gewichtsentwicklung von Individuum zu Individuum ein wenig. Das bedeutet, daß es immer Abweichungen des altersentsprechenden Körpergewichtes von den wissenschaftlich ermittelten Durchschnittswerten gibt. Diese Unterschiede sind aber nicht nur von wissenschaftlichem Wert. In der Praxis ergeben sich aus den natürlichen Differenzen bei der Wachstumsgeschwindigkeit Unterschiede beim Bedarf der wachsenden Hunde an Energie, Eiweißen und insbesondere auch Mineralstoffen. Dies muß bei der Ernährung von Welpen und Junghunden bedacht und einkalkuliert werden.

Das Verdauungssystem und der Stoffwechsel von Welpen weisen eine Reihe von Besonderheiten auf. Der Magen ist noch relativ klein, so daß nur eine begrenzte Menge Nahrung aufgenommen werden kann. Diese eingeschränkte Speicherfunktion des Magens macht eine häufige Nahrungsaufnahme notwendig.

Einige Körpergewebe beziehungsweise Organsysteme sind während der ersten Lebensmonate ganz besonders auf eine richtig zusammengesetzte Nahrung angewiesen, um sich so entwickeln zu können, wie es die Natur vorgesehen hat. Hierzu gehören Bewegungsapparat, Abwehrsystem, Fortpflanzungssystem, Haut und Fell sowie Lunge und Atemwege. Anders als das Herz-Kreislauf-System des jungen Hundes, das sich schon im Mutterleib fast vollständig entwickelt hat, reift beispielsweise der Bewegungsapparat erst später aus. So sind nach der Geburt zwar sämtliche Knochen beim Welpen angelegt und vorhanden, bestehen aber überwiegend noch aus Knorpel, also einem Gewebetyp, der zwar sehr elastisch ist, jedoch nur eine geringe Festigkeit hat. Dieses bindegewebige Gerüst wandelt der Organismus nach und nach zum tragfähigen Knochen um, indem er Mineralstoffe – vor allem Kalzium und Phosphor – einlagert. So entwickelt der Junghund im Laufe vieler Monate die biologisch notwendige Festigkeit seiner Knochen. Solange bleibt den noch nicht voll mineralisierten Knochen die Möglichkeit, weiterzuwachsen. Erst gegen Ende der Wachstumsperiode des Hundes verschließen sich die Wachstums fugen der Knochen, die bis dahin ein Längenwachstum ermöglicht haben.

Im gesamten Zeitraum der Knochenbildung muß also die Zusammensetzung der Nahrung optimal auf die Bedürfnisse des Knochenwachstums eingestellt sein. Junge Hunde haben keinen Schutzmechanismus vor überhöhter Kalziumzufuhr mit der Nahrung wie erwachsene Tiere.

Die Beurteilung auf Ausstellungen ist eine Momentaufnahme. Man sollte Spaß haben am Teilnehmen mit seinem Mops und sich die gute Stimmung nicht verderben lassen, wenn Ihr lieber Hausgenosse nicht zu den Preisgekrönten gehört. Für Ihren Mops sind Sie der Größte und er liebt Sie sein Leben lang bedingungslos!

Unter dem Einfluß von Hormonen wird ein eventueller Kalziumüberschuß überwiegend in den Knochen eingelagert, was im Endeffekt zu einer gesteigerten und gleichzeitig gestörten Verknöcherung führt. Die daraus resultierenden Skelettdeformierungen und Bewegungseinschränkungen sind im späteren Lebensalter nicht wiedergutzumachen. Die Empfehlung, Junghunden eine Kalziumergänzung – selbst bei Verwendung einer vollständigen und richtig bilanzierten Vollnahrung – zukommen zu lassen, ist wissenschaftlich nicht haltbar. Wegen der möglichen Gefahren ist die Gabe von kalziumreichen Nahrungsadditiven deswegen zu vermeiden.

- Wachsende Hunde haben einen höheren Energiebedarf.
- Das heranwachsende Skelett braucht mehr als doppelt so viele Mineralstoffe.
- Spezielle Welpennahrung deckt alle Bedürfnisse ab.

Fertignahrung ist hochwertig, sicher und bequem

Wie wir gesehen haben, benötigen Hunde sehr viele verschiedene Nährstoffe. Diese müssen nicht nur in der optimalen Menge, sondern auch im richtigen Verhältnis zueinander in der Nahrung sein. Hinzu kommen

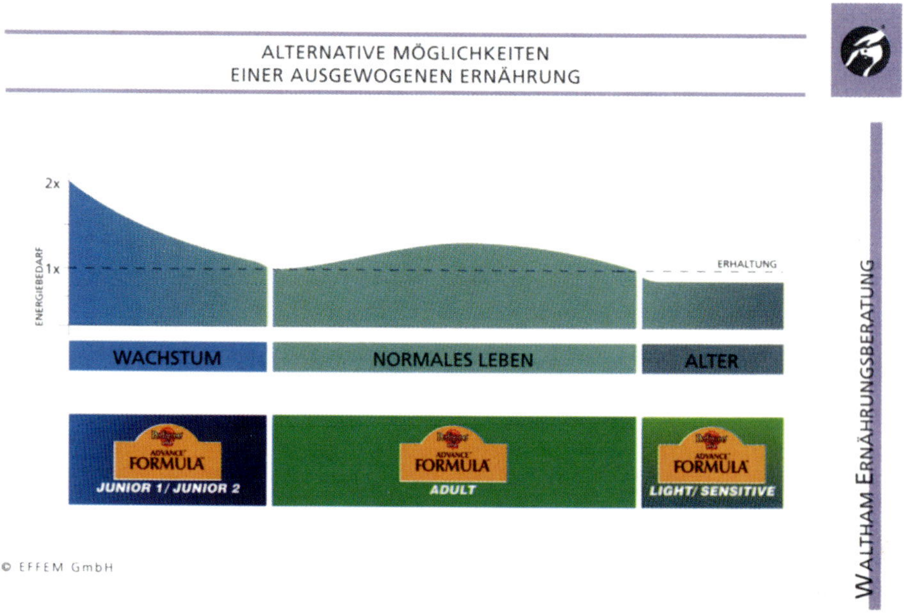

besondere Lebenssituationen wie Wachstum, Phasen hoher körperlicher Belastung, Trächtigkeit oder Alter. Jede dieser Situationen bringt veränderte Nährstoffansprüche mit sich. Verdaulichkeit und Schmackhaftigkeit des Futters sollen auch gewährleistet sein, damit der Hund den Napf leert. Wollten wir unserem Hund selbst die tägliche Nahrung bereiten, hätten wir das alles zu beachten. Wir müßten den Gehalt der Ausgangsmaterialien an Eiweißen, Fetten, Mineralstoffen und Vitaminen genau kennen. Wer jedoch mißt die Menge essentieller Aminosäuren oder den Vitamingehalt eines Stückes Fleisch?

Wieviel Kalzium ist denn nun in der Messerspitze Futterkalk enthalten? Und was ist mit der Zeit, die wir für die tägliche Futterration unseres vierbeinigen Freundes benötigen würden?

Am sichersten ist die Verwendung qualitativ hochwertiger Fertignahrung, wie sie von verantwortungsbewußten, erfolgreichen Züchtern empfohlen wird. Alle Nährstoffe sind in richtiger Menge und optimalem Verhältnis enthalten. Man kann genau portionieren, die Fütterung ist sauber, schnell und bequem.

Das deutsche Futtermittelrecht regelt die Zusammensetzung streng und genau. Es dürfen nur einwandfreie Rohmaterialien von gesunden Tieren und Pflanzen verwendet werden. Fertignahrung ist also der beste und sicherste Weg, unseren Hund richtig und gesund zu ernähren. Und schmecken wird es ihm ganz gewiß.

– Futterselbstzubereitung ist kompliziert, zeitraubend und erfordert Spezialkenntnisse.

– Fertignahrung ist sicher, hat hohe Qualität und erfüllt alle Nährstoffansprüche des Hundes.

Wichtige Tips zur Fütterung Ihres Hundes

1. Bei der Verwendung von Fertignahrungsmitteln, die als „Alleinfutter" deklariert sind, erhält Ihr Hund alle lebensnotwendigen Nährstoffe in ausgewogener Zusammensetzung für ein langes, gesundes Hundeleben.
2. Ein Welpe braucht zu Beginn seines Lebens etwa doppelt so viele Nährstoffe und Energie wie ein ausgewachsener Hund, deshalb füttern Sie in der Wachstumsphase ein Fertigfutter, welches für wachsende Hunde bestimmt ist.
3. Verwenden Sie als Milchersatz für Saugwelpen nur spezielle Welpenmilchprodukte, Kuhmilch ist auf keinen Fall zu empfehlen, da sie nicht eiweiß- und fettreich genug ist und zu Durchfällen führen kann.

4. Achten Sie darauf, Futterumstellungen langsam und schrittweise über fünf Tage durchzuführen, so daß sich der Verdauungstrakt des Hundes an die neue Nahrung gewöhnen kann.
5. Füttern Sie stets zur gleichen Zeit und möglichst am gleichen Ort weder zu heiß noch zu kalt (nicht direkt aus dem Kühlschrank).
6. Bieten Sie Ihrem Hund nur die Futtermenge an, die er auch auffrißt, keine Futterreste stehen lassen.
7. Frisches Wasser zum Trinken sollte Ihr Hund stets zur Verfügung haben.
8. Füttern Sie Fleisch bitte nur im abgekochten Zustand, bei der Fütterung von rohem Fleisch besteht Infektionsgefahr.
9. Bei der Verwendung eines hochwertigen Fertigfutters brauchen Sie keinerlei Zusatzstoffe oder Ergänzungsfuttermittel zusätzlich zu füttern.
10. Bei älteren Hunden ist die Futtermenge in 2-3 Mahlzeiten aufzuteilen. Die verwendeten Eiweiße müssen hochwertig und hochverdaulich sein.

Diese 21 Möpse und 2 Chow Chows waren fast 20 Jahre zweimal im Jahr gerngesehene Gäste auf einem Campingplatz im Sauerland. Durch ihre ruhige Art, ihr Anpassungsvermögen und ihre Friedfertigkeit gewannen sie viele Freunde unter den anderen Campinggästen.

Gesundheit

Vorbeugen ist besser als Heilen

Artgerechte Haltung, Pflege und Ernährung sind Voraussetzungen für die Gesundheit. Das seelische Wohlbefinden des Hundes ist so wichtig wie das körperliche. Der gesunde Hund nimmt aufmerksam und lebhaft Anteil an seiner Umgebung. Er ist kräftig und ausdauernd. In der Ruhe atmet er 10- bis 20mal, das Herz schlägt 70- bis 100mal in der Minute. Die Körpertemperatur liegt um 38,5 °C. Gesundheit ist nicht nur „Freisein von Krankheiten“, sie schließt auch Widerstandskraft gegen Infektionen ein.

Das Haarkleid schützt nicht nur gegen Wind und Wetter, es ist auch Zeichen von Gesundheit. Stumpfes Haar, ständiger Haarausfall und starker Geruch deuten auf innere Erkrankungen hin. Die Haut soll frei von Schuppen und Rötungen sein, kein Juckreiz soll den Hund plagen.

Flöhe, Läuse und Haarlinge kann auch der gepflegteste Hund von einer Hundebegegnung mitbringen. Bei Juckreiz wird als erstes die Haut auf Flohstiche – bis zu linsengroße, geschwollene Rötungen – und das Fell auf Parasitenkot – kleine schwarze Pünktchen – abgesucht. Lieblingssitze der ungebetenen Gäste sind die Innenflächen der Hinterbeine, die „Achselhöhlen“ und die Ohrmuscheln. Bei leichtem Befall genügt ein Flohpuder oder -spray. Wirksamer sind Waschlösungen, die das Fell bis auf die Haut benetzen, oder verschreibungspflichtige Mittel, die auf die Haut getropft werden und bis zu vier Wochen wirken. Das Ablecken solcher Mittel muß aber unbedingt verhindert werden. „Anti-Floh-Halsbänder“ geben bis zu vier Monate gas- oder puderförmige Wirkstoffe ab. In Hundehütten können bei einigen Halsbändern Giftgaskonzentrationen auftreten, die auch für den Hund bedenklich sind. Manche Halsbänder verlieren zudem durch Nässe an Wirksamkeit. Bei Flohbefall muß immer das Lager des Hundes mitbehandelt werden. Moderne Spezialmittel töten dabei nicht nur „erwachsene“ Flöhe, sondern stoppen auch die weitere Entwicklung der Flohlarven. Hunde-

Ein Spaziergang mit einer so großen Meute ist keine leichte Aufgabe. Freilaufend folgen die Möpse allerdings genauso brav wie angeleint. Der Chow-Chow bleibt wegen seines Jagdtriebs sicherheitshalber an der Leine.

decken werden am besten ausgekocht, Teppiche regelmäßig gesaugt und Stroh in der Hütte gewechselt.

Zecken lassen sich aus dem Gebüsch auf den Hund fallen, beißen sich in der Haut fest und saugen sich mit Blut voll. Je länger sie saugen, desto größer ist in bestimmten verseuchten Gegenden die Gefahr, daß eine für Hunde gefährliche Infektionskrankheit, die Borreliose, übertragen wird. Deshalb sollten Zecken so rasch wie möglich entfernt werden. Sie dürfen aber nicht einfach ausgerissen werden, weil dabei die Beißwerkzeuge in der Haut steckenbleiben und Entzündungen verursachen können. Am besten erfaßt man die Zecke mit einer Spezialpinzette und hebelt sie drehend aus der Haut heraus. Auf keinen Fall darf eine Zecke mit Alkohol betäubt oder mit Öl erstickt werden. Im Todeskampf gibt sie ihren Speichel in die Blutbahn des Hundes ab und damit eventuell Erreger einer Infektion. Inzwischen gibt es, allerdings nur beim Tierarzt, ein Anti-Zecken- und -Flohhalsband, das den Befall mit Zecken weitgehend und das Blutsaugen sicher verhindert.

Die Ohren sollten alle vier Wochen gereinigt werden. Mit Wattestäbchen kann man das Trommelfell zwar kaum verletzen, das Ohrenschmalz aber in der Tiefe zusammenstopfen. Besser ist ein alkoholischer Ohrreiniger, der randvoll ins Ohr eingegossen und bei zugedrückter Ohrmuschel durchmassiert wird. Das gelöste Ohrenschmalz kann der Hund dann selbst ausschütteln, vorzugsweise im Freien.

Dunkle, übelriechende Beläge im Ohr zeigen eine Entzündung an. Meist wird sich der Hund dann auch am Ohr oder – scheinbar – am Halsband kratzen und den Kopf schütteln. Ursache des „Ohrenzwanges“ können Ohrenmilben, Grasgrannen oder andere Fremdkörper sowie Bakterien und Pilze sein. Wenn zwei- bis dreimalige gründliche Reinigung mit dem Ohrreiniger keine Besserung bringt, ist eine gezielte Behandlung erforderlich.

Die Augen werden mit einem Stückchen Mullbinde oder einem Taschentuch vom „Schlaf“ gereinigt. Fusseln von Watte oder Papiertaschentüchern reizen die Schleimhäute. Bindehautentzündungen können auch durch Zugluft, Staub oder starke Sonne verursacht werden. Zur Linderung werden Augentropfen in den heruntergezogenen Bindehautsack geträufelt. Borwasser wird heute nicht mehr verwendet, weil feine Kristalle als Fremdkörper wirken können. Länger andauernder wäßriger, schleimiger oder eitriger Augenausfluß sollte nicht mit Hausmitteln kuriert werden. Es könnte eine Infektion vorliegen. Wucherungen auf der Rückseite der Nickhaut müssen meist operativ behandelt werden.

Die Zähne werden durch Hundekuchen oder Knochen ausreichend gereinigt. Auch die Tortur des Zähneputzens kann Zahnstein kaum verhindern. Zur Entfernung weicher Beläge eignet sich am ehesten ein Wattebausch, getränkt mit dreiprozentiger Wasserstoffsuperoxydlösung. Zahnstein ist ein fest anhaftender brauner Belag aus verhärteten Salzen. Fauliger Mundgeruch durch Zahnfleischentzündungen und -vereiterungen sowie Zahnausfall sind die Folgen. Zahnstein sollte frühzeitig fachkundig entfernt werden.

Lose Zähne müssen gezogen werden. Da der Hund keine Beute jagen, festhalten oder zerreißen muß, kann er auf schmerzende Zähne gut verzichten.

Nach Entfernung der Eiterherde wird er sich auch allgemein wohler fühlen, denn sie können den Körper vergiften und zum Beispiel chronische Herzklappenentzündungen auslösen.

Die Analbeutel sollen eigentlich bei jedem Kotabsatz eine individuelle Duftmarke zur Revierkennzeichnung hinterlassen. Infolge der Domestikation funktioniert die Entleerung häufig nicht richtig. Sekretstauungen sind die Folge; den Juckreiz versucht der Hund vergeblich durch Rutschen auf dem After zu beseitigen. Dieses „Schlittenfahren“ ist entgegen landläufiger Vermutung fast nie auf Wurmbefall zurückzuführen. Stark gefüllte Analbeutel müssen fachkundig ausgedrückt, vereiterte müssen tierärztlich behandelt werden.

Die Krallen werden nur bei regelmäßigem Auslauf auf hartem Untergrund ausreichend abgelaufen. Nur bei krankhaftem Hornwachstum oder Stellungsfehlern müssen sie geschnitten werden. Dabei soll die in der Kralle verlaufende Ader nicht verletzt werden. „Wolfskrallen“, Überbleibsel der an sich verkümmerten fünften Zehe an Vorder- und Hinterläufen, können bei Verletzungen stark bluten. Sie sollten vorsorglich amputiert werden. Das geschieht üblicherweise schon bei neugeborenen Welpen.

Erste Hilfe tut not

Hautverletzungen müssen genau inspiziert werden. Oberflächliche Abschürfungen und Schrunden können mit Hausmitteln behandelt werden. Auf jeden Fall werden im Bereich der Verletzungen die Haare mit einer gebogenen Schere kurz abgeschnitten. Sie verkleben sonst mit dem Wundsekret; Vereiterung ist die Folge. Die Wunde wird mit Wundgel, -spray oder -tinktur behandelt. Fetthaltige Salben behindern den heilungsfördernden Luftzutritt, Puder verkrustet.

Bei tieferen Wunden mit Durchtrennung der Haut sollte umgehend ein Tierarzt hinzugezogen werden. Bei Beißereien und Stacheldrahtverletzungen wird die Haut oft vom Körper losgerissen, so daß tiefe Taschen zu versorgen sind. Von Fall zu Fall ist zu prüfen, ob eine „offene Wundbehandlung“ oder eine Naht besser ist. Nur frische Wunden können mit Aussicht auf komplikationslose Heilung genäht werden.

Eine offene, aus der Tiefe nässende oder eiternde Wunde darf der Hund belecken. In allen anderen Fällen wird die Wundheilung behindert, weil die zarten Heilungszellen am Wundrand gestört werden. Das Belecken von Wunden und das Abreißen von Verbänden können durch einen Halskragen verhindert werden. Aus einem passenden Kunststoffeimer wird der Boden herausgeschnitten. Die Schnittkanten werden abgepolstert, an vier Stellen durchlöchert und mit Bindfaden versehen, die am Lederhalsband festgebunden werden.

Wundstarrkrampf ist beim Hund selten. Impfungen sind daher nicht üblich. Zur Vorbeugung sollen Wunden ausbluten und nicht luftdicht abgedeckt werden. Wenn größere Adern verletzt sind, kommt es zu andauernden, starken Blutungen. Häufig tritt Blut im Strahl aus. Dann muß zur Ersten Hilfe ein Druckverband angelegt werden. An ungünstigen Körperstellen wie am Kopf kann auch von Hand eine Kompresse aufgedrückt werden. Gliedmaßen können abgebunden werden, die Abbindung muß aber viertelstündlich kurz gelöst werden. In solchen Fällen ist stets umgehend tierärztliche Hilfe erforderlich.

Unfälle können auch zu inneren Verletzungen und Gehirnerschütterungen führen. Bei Bewußtseinstrübungen soll nie Flüssigkeit eingeflößt werden. Die Maulschleimhaut kann aber mit Kaffee, Tee oder auch einfach mit Wasser befeuchtet werden. Der Hund wird vorsichtig getragen oder seitlich mit tiefliegendem Kopf und herausgezogener Zunge auf einer Decke gelagert, die, von zwei Personen an den Ecken

Möpse ohne Übertreibungen von Rassemerkmalen können sehr alt werden und tun das auch meistens, wie ich nach über 50 Jahren Zusammenleben mit vielen Möpschen aus eigener Erfahrung weiß. Der kurze Standard muß richtig interpretiert werden. Eine kurze Schnauze heißt daher nicht „nasenlos", wie man in manchem Richterbericht lesen kann. Ein korrekt gezüchteter und gehaltener Mops wird vielleicht keine 18 Jahre, wie der abgebildete Mops, aber 15-jährige sind verhältnismäßig zahlreich in dieser Rasse.

strammgezogen, auch als „Tragbahre“ dient. Am Unfallort sind meistens die Diagnose und vor allem eine wirksame Schockbehandlung erschwert. Telefonisch sollte zur Vermeidung unnötiger Wege und Zeiten ein dienstbereiter Tierarzt verständigt und umgehend aufgesucht werden.

Lahmheiten können viele Ursachen haben. Als erstes wird die Pfote untersucht. Dornen oder Splitter werden ausgezogen. Verfilzte Haare drücken zwischen den Ballen wie ein Stein im Schuh; sie werden daher vorsichtig ausgeschnitten. Wunde Stellen werden wie Hautverletzungen behandelt. Im Winter müssen Streusalzreste von den Pfoten abgewaschen werden. Bei Krallenbettentzündungen können warme Kamillen- oder Seifenbäder Linderung bringen. Lose Krallenteile werden an der Bruchstelle beherzt abgeschnitten. In vielen Fällen ist ein Verband erforderlich. Er muß fachkundig angelegt werden, um Druckstellen zu vermeiden.

Bei Schwellungen, Prellungen und Verstauchungen kann das Fell des betroffenen Körperteils mehrmals täglich mit kaltem Wasser durchnäßt werden. Das wirkt wie ein Kühlverband, lindert den Schmerz und hemmt – frühzeitig angewendet – weitere Schwellungen. Wenn ein Bein überhaupt nicht belastet wird, besteht Verdacht auf Knochenbruch. Bei stark abnormer Beweglichkeit können die Gliedmaße durch eine Notschiene ruhiggestellt werden.

Andauernde, wiederkehrende oder sich verschlimmernde Bewegungsstörungen sind stets ein Fall für den Tierarzt. Das Humpeln auf einem Hinterbein wird nicht selten durch eine Ausrenkung der Kniescheibe oder durch Riß von Bändern bedingt, die operativ fixiert werden müssen.

Vergiftungen sind meist „Unglücksfälle“ und nur selten böse Absicht. Rattengift kann bei unsachgemäßem Auslegen direkt, aber auch mit vergifteten Nagetieren aufgenommen werden. Meist handelt es sich um Cumarinpräparate, die zu inneren Blutungen führen. Vorsicht ist auch bei Schädlings- und Unkrautbekämpfungs- sowie bei Frostschutzmitteln geboten. Hochgiftige Thallium-, Zinkphosphid- und Arsenzubereitungen, Blausäure und Strychnin sind heute gottlob kaum noch erhältlich. Die besten Überlebenschancen bestehen, wenn man „nach frischer Tat“ das Gift wieder aus dem Magen herausbefördern kann. Der Tierarzt kann Erbrechen durch eine Spritze auslösen, der Laie durch Eingeben von zwei bis drei Teelöffeln Salz. Nach dem Erbrechen kann eine Aufschwemmung von etwa zehn Kohlekompretten eingeflößt werden. Milch wird nicht gegeben, weil verschiedene Gifte fettlöslich sind. Etwa vorhandene Hinweise auf die Art des Giftes ermöglichen eine rechtzeitige, gezielte tierärztliche Behandlung. Ungewisser sind die Aussichten, wenn Vergiftungsfolgen wie Krämpfe, Mattigkeit oder Brechdurchfall schon eingetreten sind, die Ursache aber nur vermutet werden kann. Eine genaue Diagnose ist oft erst durch Spätschäden wie Blutungen oder Haarausfall möglich. Dann kann es für eine Rettung bereits zu spät sein.

Durchfall ohne Fieber bessert sich häufig nach einem Fastentag: Der Hund erhält ausschließlich stark verdünnten Tee mit einer Prise Salz, aber ohne Zucker. Zur Geschmacksverbesserung ist Süßstoff erlaubt. Zusätzlich ist es nie verkehrt, eine Aufschwemmung von Kohlekompretten einzugeben. Keinesfalls darf Durchfall mit Wasserentzug „behandelt" werden; der Körper würde zu stark austrocknen. Am zweiten Tag erhält der Hund in kleinen Portionen ein Diätfutter, zum Beispiel Beefsteakhack, Schmelzflocken und rohen geriebenen Apfel. Am dritten Tag muß der Kot zumindest wieder dickbreiig sein.

Verstopfungen lassen sich oft durch rohe Leber oder Milz oder einige Teelöffel süßer Dosenmilch beheben. Bei krampfhaft vergeblichem Drängen kann ein Mikroklistier Erfolg bringen. Bei einer Verhärtung von Knochenteilen im Enddarm hilft allerdings meist nur ein fachgerechter Einlauf.

Erbrechen ist keine selbständige Krankheit. Einmaliges Erbrechen kann durch zu hastiges Fressen, zu kaltes Futter oder Aufnahme von Fremdkörpern ausgelöst werden. Gelegentliches Erbrechen ist beim Hund ohne große Bedeutung. Um zu erbrechen frißt der Hund häufig Gras. Geschieht das regelmäßig oder wird ständig das Futter erbrochen, muß ein Tierarzt hinzugezogen werden. Auch Durchfall und Erbrechen mit Fieber sind kein Fall für Hausmittel.

Scheinschwangerschaft tritt bei manchen Hündinnen etwa acht Wochen nach der Läufigkeit auf. Sie sind unruhig, „bemuttern" irgendwelche Gegenstände, fressen schlecht und erbrechen gelegentlich. Das Gesäuge schwillt, Milch bildet sich. Abhilfe schafft häufig wenig Fressen und Trinken bei viel Bewegung und Beschäftigung.

Das Gesäuge kann mehrmals täglich mit kaltem Wasser befeuchtet werden, um Schwellung und Milchproduktion zu hemmen. Keineswegs soll die Milch ausgedrückt werden. Damit würde nur die weitere Milchbildung angeregt. Bei sehr starker Gesäugeschwellung und trotz Hausmitteln nicht nachlassenden Erscheinungen muß der Tierarzt verständigt werden.

Drei hochprämierte Möpse vor mehr als 100 Jahren. V.l.n.r.: „TUM TUM", Ch. „TUM TUM II" und „DUCHESS OF CONNAUGHT" genannt Popseye.

Insektenstiche, vor allem durch das Schnappen nach Wespen und Bienen verursacht, können schnell zu erheblichen Schwellungen am Kopf oder, noch schlimmer, im Rachen führen.

Äußerliche Kühlung mit Eiswürfeln und eine Tablette gegen Allergie ersparen oft nicht die möglichst rasche tierärztliche Behandlung.

Alarmzeichen

Fieber ist eine Abwehrreaktion des Körpers, meist auf Infektionen. Die Hundenase kann auch beim kranken Hund feucht und kühl sein. Die Temperatur muß mit einem Fieberthermometer (je nach Modell bis zu fünf Minuten) im Mastdarm gemessen werden. Sie darf nicht über 39 °C liegen. Untertemperaturen unter 37,5 °C entstehen infolge einer Reduzierung der Stoffwechselvorgänge häufig vor dem Tod.

Husten, als ob ein Knochen im Hals säße, tritt bei Mandelentzündungen auf. Ernstere Infektionen wie Zwingerhusten oder gar Staupe könnten auch vorliegen. Pumpende Atmung entsteht durch eine Lungenentzündung, aber auch durch Wasseransammlung in der Lunge, zum Beispiel infolge von Vergiftungen. Bei alten Hunden kann der damit verbundene Husten auch auf eine Herzschwäche zurückzuführen sein. Bauchpressen und Aufblasen der Backen sind Zeichen höchster Atemnot.

Schleimhäute im Auge und im Fang geben Hinweis auf innere Erkrankungen: Blässe deutet auf Blutarmut hin, Gelbfärbung auf Leberschäden mit Gelbsucht, Blutungen auf schwere Infektionen oder Vergiftungen, eine bläuliche Färbung tritt bei Herz- und Kreislaufschwäche auf.

Kot und Urin mit Blutbeimengungen lassen krankhafte Veränderungen erkennen. Bei Blutungen im Magen und in den vorderen Darmabschnitten kann der Stuhl durch das verdaute Blut pechschwarz aussehen. Nierenerkrankungen können auch mit erhöhtem Durst verbunden sein. Wenn Mattigkeit und Mundgeruch hinzukommen, ist meist bereits eine Harnvergiftung eingetreten. Harnsteine, Blasenriß oder Vergiftungen können dazu führen, daß überhaupt kein Urin mehr abgesetzt wird; dann besteht höchste Gefahr. Geschwülste, Prostatavergrößerungen und Mastdarmveränderungen erschweren den Kotabsatz. Verhärtete Knochenteile können den Enddarm völlig verstopfen. Erbrechen und zunehmende Mattigkeit bei fehlendem Kotabsatz sprechen für Darmverschluß oder einen Fremdkörper im Darm.

Speicheln wird im harmlosesten Fall durch Fremdkörper in der Maulhöhle oder durch lose Zähne verursacht, bedenklicher wäre eine E 605-Vergiftung oder Pseudowut, schlimmstenfalls ist an Tollwut zu denken.

Umfangsvermehrungen des Bauches bei sonst normalem Ernährungszustand oder zunehmende Abmagerung können durch Tumore oder Bauchhöhlenwasser hervorgerufen werden. Bei einer Gebärmuttervereiterung besteht gleichzeitig fast immer starker Durst, gelegentlich auch Scheidenausfluß. Eine plötzliche Aufblähung des Bauches mit Kolik und Kreislaufschwäche, bedingt durch eine Magendrehung, erfordert unverzügliche Operation. Eine Entzündung der Kaumuskeln mit Schwellung und Verhärtung sowie hervortretenden Augäpfeln muß sofort tierärztlich behandelt werden.

Infektionen bedrohen die Gesundheit

Staupe und ansteckende Leberentzündung (Hepatitis) sind Viruskrankheiten, die für Junghunde besonders gefährlich sind, aber auch ältere Hunde befallen. Staupe beginnt mit einem häufig kaum merkbaren, kurzen Fieber, dem nach etwa acht Tagen eine schwere Lungenentzündung mit eitrigem Augen- und Nasenausfluß oder ein Durchfall folgt.

Eine besondere Verlaufsform ist mit einer Verhärtung der Ballen verbunden. Nach scheinbarer Besserung treten nervöse Erscheinungen bis hin zu Krämpfen auf, die meistens zum Tod führen. Nach überstandener Staupe bleibt häufig ein nervöses Zucken der Kopfmuskeln, der „Staupetick", nach Erkrankungen im Junghundealter das „Staupegebiß" mit erheblichen Zahnschmelzdefekten zurück. Die ansteckende Leberentzündung verläuft ähnlich, mit hohem Fieber, Apathie und Appetitlosigkeit. Hornhauttrübungen können bleibende Folgeschäden sein.

Stuttgarter Hundeseuche (Leptospirose) wird durch Bakterien verursacht und von Hund zu Hund übertragen. Sie beginnt häufig mit einer Schwäche in den Hinterbeinen. Geschwüre im Maul, Magen und Darm sind mit aasartig-faulem Maulgeruch und blutigem Durchfall verbunden.

Tollwut tritt bei Hunden nur noch selten auf. Die Seuche wird vor allem durch Füchse übertragen. Hinweisschilder warnen in gefährdeten Gebieten vor Tollwut. Die Krankheit ist besonders tückisch: Die typischen Wuterscheinungen mit heiserem Gebell, Wasserscheue, Unruhe und unmotivierter Beißwut fehlen häufig. Die „stille Wut" ist im Anfangsstadium schwer zu erkennen. Ein erkranktes Tier stirbt immer.

Parvovirose ist eine Viruskrankheit, die sich bei Hunden aller Altersgruppen in schweren, durch Erbrechen und Durchfall gekennzeichneten Erkrankungen äußert. Bei Welpen kann plötzlicher Herztod auftreten. Der Erreger ähnelt dem Katzenseuchevirus; eine wechselseitige Ansteckung zwischen Hund und Katze ist jedoch nicht möglich. Die Ansteckung erfolgt über Ausscheidungen von Hund zu Hund, aber auch durch Verschleppung angetrockneter Ausscheidungen, zum Beispiel an Kleidungsstücken.

Impfungen schützen vor diesen Infektionskrankheiten

Welpen in gefährdeten Zuchten oder ungeimpfte Hunde mit verdächtigen Krankheitserscheinungen können mit einem Serum behandelt werden, das fertige spezifische Abwehrstoffe enthält. Diese „passive Immunisierung" schützt aber nur für zwei bis drei Wochen. Der Käufer eines Hundes sollte den Impfpaß daraufhin genau prüfen.

Länger dauernden Schutz vermittelt nur die „aktive" Schutzimpfung. Dabei werden abgeschwächte oder abgetötete Infektionserreger eingeimpft. Der

Körper reagiert darauf mit der Bildung eigener Abwehrstoffe. Bei den heute üblichen Kombinationsstoffen kennzeichnen die Buchstaben S, H, L, T und P die Wirksamkeit gegen die in Frage kommenden Seuchen. Welpen werden mit sechs bis acht Wochen das erste Mal geimpft und müssen dann mit etwa zwölf Wochen nach Impfplan nachgeimpft werden. Bei älteren Hunden genügt eine einmalige Grundimmunisierung.

Der einmal gebildete Impfschutz baut sich im Laufe der Zeit ab. Kommt der Hund mit betreffenden Seuchenerregern in Berührung, so wird die Antikörperbildung aufgefrischt. Ist der Impf-

Schwarz ist bei Möpsen die dominierende Farbe, beige die rezessive. Aus zwei homozygoten (reinerbigen) schwarzen Eltern fallen ausschließlich schwarze Welpen. Aus zwei heterozygoten (mischerbigen) schwarzen werden meistens sowohl schwarze als auch beige Welpen geboren. Bei beigen Möpsen fehlt der Faktor für die schwarze Farbe in ihrem Genpaket. Aus der Verbindung zweier beigen können also nie schwarze Welpen geboren werden. Die niederländische Künstlerin Dekkers-Heus malte dieses Aquarell von den fünf Monate alten Welpen aus der Zucht der Familie van der Laan.

schutz aber bereits zu stark abgesunken, kann der Hund erkranken. Deshalb sind Auffrischungsimpfungen im Abstand von ein bis zwei Jahren erforderlich. Gegen die seit einiger Zeit wieder in bedrohlichem Umfang auftretende Staupe ist die **jährliche** Impfung dringend zu empfehlen, zumal bei einigen Kombinationsimpfstoffen der Staupeschutz ein Schwachpunkt zu sein scheint. Ein sicherer Impfschutz des Hundes ist auch für den Menschen wichtig. Erkrankte Hunde können Leptospiren übertragen, die beim Menschen das „Canicola-Fieber" oder die „Weilsche Krankheit" hervorrufen. Hundetollwut ist wegen des engen Kontaktes für Menschen viel gefährlicher als Wildtollwut. Geimpfte Hunde übertragen keine Tollwut. Nach einem Kontakt mit verdächtigem Wild brauchen sie deshalb auch nicht getötet zu werden, wie dies für ungeimpfte Hunde gesetzlich vorgeschrieben ist.

Gegen andere Infektionen schützt Vorsicht

Toxoplasmose wird durch einzellige Schmarotzer hervorgerufen. Ihr Stammwirt ist die Katze. Bei anderen Tieren werden ansteckungsfähige Dauerformen gebildet. Hunde erkranken überwiegend durch infiziertes Schweinefleisch. Für die Ansteckung des Menschen wurden sie früher zu Unrecht verantwortlich gemacht.

Aujeszkysche Krankheit wird ebenfalls durch Schweinefleisch übertragen. Unstillbarer Juckreiz, Unruhe, Ängstlichkeit und Speichelfluß haben gewisse Ähnlichkeit mit Tollwut. Die Krankheit wird daher auch „Pseudowut" genannt. Schweinefleisch und in der Zusammensetzung unbekannte Fleischmischungen, zum Beispiel aus Supermärkten, müssen deshalb gut durchgekocht werden. Fertigfutter und Rindfleisch sind dagegen unbedenklich.

Zwingerhusten tritt vor allem in Tierheimen und Hundehandlungen auf. Unter begünstigenden Umständen lösen Viren und Bakterien gemeinsam Entzündungen von Luftröhre und Bronchien aus. Kennzeichnend ist ein kurzer, trockener Husten. Sekundärinfektionen können den Krankheitsverlauf verschlimmern. Während des Urlaubs sollte man seinen Hund nicht in unbekannte Heime oder Pensionen geben oder ihn vorsorglich auch gegen Zwingerhusten impfen lassen.

Wurmkuren gegen unerwünschte Kostgänger

Spulwürmer können bei Junghunden zu Verdauungs- und Entwicklungsstörungen, zu Vergiftungserscheinungen und sogar zum Tod führen. Fast alle Welpen werden im Mutterleib mit Spulwürmern infiziert. Die ersten Wurmkuren soll schon der Züchter durchführen. Junghunde werden vierteljährlich entwurmt. Ältere Hunde beherbergen nur noch einzelne Würmer. Sie richten zwar keinen großen Schaden an, sind aber eine ständige Infektionsquelle. Hündinnen sollten zumindest sechs Wochen nach jeder Läufigkeit, Rüden mindestens einmal jährlich entwurmt werden. Bei festgestelltem Wurmbefall ist eine sofortige Entwurmung mit einer Wiederholungsbehandlung nach zwei bis drei Wochen erforderlich. Rohe Möhren garantieren keine Wurmfreiheit. Wirksame und verträgliche Mittel sind verschreibungspflichtig. Sie wirken auch gegen andere Rundwurmarten, zum Beispiel gegen Hakenwürmer.

Spulwürmer sind auf ihre Wirtstierarten spezialisiert; wenn der Mensch Hundespulwurmeier aufnimmt, schlüpfen zwar Larven und beginnen ihre Wanderung im Körper, sie bleiben jedoch in Organen oder Muskeln stecken und können dort schmerzhafte Entzündungen verursachen. Besonders gefährdet sind „Krabbelkinder“. Wurmkuren dienen daher auch dem Gesundheitsschutz der Familie.

Bandwürmer brauchen für ihre Entwicklung stets einen Zwischenwirt. Für den Hundebandwurm ist dies der Floh. Er nimmt die Wurmeier auf, aus denen sich eine Finne entwickelt. Der Hund „knackt“ den Floh, die Finne wächst im Hundedarm zum fertigen Bandwurm aus. Mit dem Kot erscheinen nach geraumer Zeit einzelne kürbisförmige, anfangs noch bewegliche Bandwurmglieder oder ein längeres, deutlich gegliedertes Wurmende.

Es gibt heute neben speziellen Spulwurm- und Bandwurmmitteln auch Präparate, die gegen beide Parasitenformen wirksam und dabei gut verträglich sind. Empfehlenswert ist eine systematische vierteljährliche Bandwurmbehandlung des Hundes. Zur Bandwurmkur gehört stets eine Flohbehandlung von Hund und Lager.

Besonders bei Jagdhunden kann auch der „gesägte Bandwurm“ auftreten, dessen Zwischenwirte Hasen und Kaninchen sind. Andere Bandwurmarten, die durch Fisch oder Wild, Rinder- oder Schafeingeweide übertragen werden, kommen seltener vor. Dazu zählt der „dreigliedrige Bandwurm“, der auch dem Menschen gefährlich werden kann. Der Hund sollte zur Vorbeuge keine rohen „Konfiskat“-Innereien erhalten und daran gehindert werden, Kadaver von Wildtieren anzufressen. Für Menschen besonders gefährlich ist der vor allem in einigen Gegenden Mittel- und Süddeutschlands verbreitete „Fuchsbandwurm“, der auch durch Hunde übertragen werden kann. Neben regelmäßigen Bandwurmkuren ist es die beste Vorbeuge, den Hund in Wald und Flur anzuleinen.

Gefahren für die menschliche Gesundheit?

Impfungen und Wurmkuren schränken Ansteckungsgefahren ein. Hygiene tut ein übriges: Selbstverständlich hat der Hund sein eigenes Lager und Futtergeschirr; beides ist peinlich sauber. Rasen und Wege werden von Hundekot freigehalten. Der Hund wird so erzogen, daß er das Gesicht nicht ableckt. Das Belecken der Hände ist Ausdruck seiner Zuneigung. Man darf sie dulden, denn man kann sich die Hände anschließend waschen. Vorsichtige können Lager, Hütte und andere hygienegefährdete Stellen und Gegenstände regelmäßig desinfizieren. Die Mittel sollen gegen Viren, Bakterien und Pilze wirken. Zur Schnelldesinfektion eignet sich ein „Desinfektionsspray“, der auch Ektoparasiten abtötet.

Besonders angezeigt sind solche Maßnahmen, wenn der Hund eiternde Wunden, Ekzeme, Furunkel oder eine Vorhaut-, Zahnfleisch- oder Mandelentzündung hat. Diese Infektionen sind konsequent zu behandeln. Eitererreger können auch beim Menschen Komplikationen verursachen. Vorsicht ist stets bei schlecht heilenden oder sich ausbreitenden Ekzemen geboten: Räudemilben sind zwar auf Tierarten „spezialisiert“, können jedoch auch beim Menschen juckende Hautrötungen verursachen. Hautpilzinfektionen sind auf Menschen übertragbar. Daher sollte man umgehend eine Spezialuntersuchung und Behandlung veranlassen. Pilzinfektionen entstehen nur, wenn sich die Erreger länger als 12 bis 24 Stunden auf der menschlichen Haut einnisten können. Gründliches Waschen bannt die Gefahr. Zusätzliche Sicherheit bietet ein Handdesinfektionsmittel, das nach Berührung verdächtiger Stellen oder Ausscheidungen in die Hände eingerieben wird.

Allergien sind auch durch größte Sauberkeit nicht immer zu vermeiden. Einige Menschen reagieren bei Kontakt mit Tierhaaren und -hautteilen mit Ausschlägen oder Atembeschwerden. Katzen, Meerschweinchen und Vögel sind viel öfter als Hunde die Auslöser; viele andere pflanzliche und tierische Stoffe kommen hinzu. Die Allergieursache kann von einem Hautarzt durch Spezialtests auf der Haut ermittelt werden. Auf Verdacht braucht also kein Hund abgeschafft zu werden. Und vor der Anschaffung eines Mopses brauchen auch gesundheitsbewußte Hundefreunde nicht zurückzuschrecken.

Der Mops im Alter

Im Volksmund heißt es immer, „Ein Hundejahr ist sieben Menschenjahren gleich.“ Demnach wäre ein 16jähriger Hund einem 112jährigen Menschen gleichzustellen, was aber nicht stimmt. Genauso wenig als daß ein zweijähriger Hund, der also längst ausgewachsen ist, genauso alt sein sollte wie ein 14jähriges

Ein Hund ist in der Entwicklung einem Menschen gleich von:		
$6^1/_2$ Wochen	(Babyalter)	$2^1/_2$ Jahren
12 Wochen	(Kindesalter)	5 Jahren
6 Monaten		10 Jahren
9 Monaten	(Teenager)	$12^1/_2$ Jahren
1 Jahr		15 Jahren
2 Jahren		24 Jahren
3 Jahren		28 Jahren
4 Jahren		32 Jahren
5 Jahren	(erwachsenes Alter)	36 Jahren
6 Jahren		40 Jahren
7 Jahren		44 Jahren
8 Jahren		48 Jahren
9 Jahren		52 Jahren
10 Jahren	(mittleres Alter, 50 +)	56 Jahren
11 Jahren		60 Jahren
12 Jahren	(fortgeschrittenes Alter, 65 +)	64 Jahren
13 Jahren		68 Jahren
14 Jahren	(hohes Alter)	72 Jahren
15 Jahren		76 Jahren
16 Jahren	(sehr hohes Alter)	80 Jahren

Kind. Eine neuere Berechnung ergab folgende Tabelle:

Für jedes weitere Jahr sollte man 4 Jahre dazuzählen.

Diese Tabelle öffnet völlig neue Perspektiven bei der Beurteilung des Alters eines Hundes, und daraus geht deutlich hervor, daß es beispielsweise Unsinn ist, die sogenannte Veteranen-Klasse, die es manchmal auf Clubschauen oder Sonderausstellungen gibt, offenzustellen für Hunde ab sechs oder sieben Jahren, da man vergleichsweise einen 40- oder 44-jährigen Menschen kaum einen „Veteranen“ nennen kann. Es wäre besser angebracht, diese Klasse erst ab elf Jahre offenzustellen für Hunde in dem Alter.

Ihr Mops fängt an zu altern

Eines Tages fällt Ihnen auf, daß der Mops etwas grau um das Schnäuzchen wird. Vielleicht hat er auch schon Zähne verloren, und im Benehmen fallen Ihnen kaum wahrnehmbare Änderungen auf.

Möglicherweise ist er morgens etwas träge und nicht mehr so begeistert, hinausgehen zu müssen. Er schläft am Tage etwas mehr und wirkt im ganzen Benehmen ruhiger: Dann wissen Sie „Mein Mops fängt an zu altern“, und von da an machen sich immer mehr Alterserscheinungen bemerkbar.

Möpse bleiben im allgemeinen bis ins sehr hohe Alter noch recht frisch und munter, ohne von Altersbeschwerden zu sehr geplagt zu werden. Trotzdem muß man doch schon ziemlich früh anfangen, durch Anpassung der Ernährung, der täglichen Bewegung und anderer Anstrengungen den mit dem Altsein zusammenhängenden Beschwerden vorzubeugen oder zumindest auf später zu verschieben.

Wie auch bei Menschen werden manche Hunde früher alt und verbraucht.

Auch durchgemachte Krankheiten spielen natürlich eine Rolle, weil möglicherweise Organschäden davon zurückgeblieben sind, die das Allgemeinbefinden nachteilig beeinflussen können.

Es ist unmöglich, in gedrängter Form ein Schema aufzustellen, an Hand dessen der Umfang, die Art und der Zeitpunkt des Auftretens einzelner Beschwerden für alle Hunde ablesbar ist.

Der eine Mops bleibt bis ins hohe Alter aktiv und gesund und stirbt dann an Krebs. Der andere fängt vielleicht schon im siebten Lebensjahr mit ernsten Ausfallerscheinungen an, wird aber trotzdem auch 16 Jahre alt, und es kann gut sein, man findet ihn eines morgens tot in seinem Körbchen, und er ist an Herzschlag gestorben!

Es gibt ein sehr gutes Buch über dieses Thema, das ich Ihnen gern empfehle: „Alter Hund, glücklich und gesund“ von Dr. med. vet. George D. Whitney.

Auch ein alter Mops kann schön sein, wie dieses Kopfbild einer 15-jährigen Mopshündin zeigt. Es strahlt Würde und Besonnenheit aus.

Dieses Buch sollten Sie sich schon anschaffen, wenn Ihr Hund noch jung und verspielt ist und Sie eigentlich noch gar nicht ans Altwerden Ihres Hausgenossen denken.

Aus diesem Buch können Sie aber sehr viele wertvolle Tips entnehmen, wie Sie durch zeitige Vorbeugung, angepaßte Ernährung und Haltung Ihrem Hund doch so einige Altersbeschwer-

Völlig entspannt und bequem läßt dieser hochbejahrte Mops die Welt über sich ergehen.

den ersparen oder zumindest, sobald sie auftreten, erleichtern können.

Abschied von Ihrem Mops

Sie haben natürlich stets alles getan, um Ihrem Mops bei einem Unfall oder einer Krankheit die bestmögliche Versorgung und Pflege zukommen zu lassen, und Sie sind so glücklich, daß Ihr Hund ein sehr hohes Alter erreicht hat. Vielleicht blieb er bis zuletzt in bester Form und stirbt auf natürliche Weise, weil der Körper verbraucht ist und das Herz eines Tages einfach aufhört zu schlagen.

Wenn Ihr Hund aber echte Altersbeschwerden bekommt, die ihm in zunehmendem Maße zur Last werden und sein Leben eine Qual wird, werden Sie gezwungen sein, die vielleicht schwierigste Entscheidung zu treffen, die je im Leben Ihres Hundes auf Sie zukam: Nämlich, sein Leben beenden zu lassen, weil Sie ihm aus humanen Gründen Schmerzen oder Leiden ersparen möchten.

Zwar wird Ihr Tierarzt Sie beraten, die Entscheidung aber müssen Sie selber treffen. Schieben Sie den Entschluß nicht aus Feigheit oder aus falsch verstandener „Tierliebe" zu lange hinaus.

Hoffentlich ist Ihr Tierarzt bereit, zu Ihnen ins Haus zu kommen, um dem Hund die letzte Spritze zu geben, so daß Ihr Mops ruhig und in vertrauter Umgebung und ohne Hektik einschlafen kann.

Schämen Sie sich nicht Ihrer Tränen, denn man darf ruhig traurig sein, daß man von einem langjährigen, treuen Freund Abschied nehmen muß. jedes Lebewesen ist einzig in seiner Art, und Sie werden nie mehr einen Hund bekommen, der dem verstorbenen absolut ähnlich ist.

Seien Sie dankbar, daß Sie dem Tier diesen letzten Dienst erweisen konnten und es ohne Angst und Schmerzen sterben durfte.

Anhang

Anschriften, die Sie kennen sollten

Bundesrepublik Deutschland

Verband für das Deutsche Hundewesen e. V
(VDH)
Westfalendamm 174
44141 Dortmund

Deutscher Mopsclub e. V
Wolfgang Weßling
Grundermühle 7
51515 Kürten-Eichhof

Verband Deutscher Kleinhunde-Züchter e. V.
Karin Voye
Deichstraße 63
27804 Berne

Belgien

Belgian Pug Dog Club
Ingrid Mijlenians-v. Leemput
Clemenceaustraat 68
B-2580 St. Katelijne-Waver

Niederlande

„COMMEDIA“
Vereniging van Fokkers en Liefhebbers van de Mopshond in Nederland
Moruque Jansen
Mgr, Hendrikstraat 6
NL-7031 HN NIEUW WEHL

Dänemark

Britta Frøslio Möller
Larupvej 37
DK-4293 Dianalund

Österreich

Österreichischer Mopsclub
Dr. Ilse Autech
Penzingerstr. 148
A-1140 Wien

Großbritannien

Pug Dog Club
1. Smith
51 Chatsworth Close
Aston, Sheffield

USA

Pug Dog Club of America
James Cavallero
5954 Edgewood Lane
Alexandria
Virginia 22310

Schweden

Mops Club „Mopsorden“
Ingegerd Ejderklev
Hamngatan 55 B
53134 Lidköbine

Finnland

Suomen Mopsikerho
Marjan Valkamo
Kaentii 13.
04320 Tuusula 32

Literatur

Deutsch

DEUTSCHER MOPSKLUB E.V.: 15 Jahre Deutscher Mopsclub e. V.

Englisch

BRIERLEY, J. M.: The Book of the Pug TFH Publications, Neptune, USA

GOODGER, W. S.: The Goodger Guide of the Pug. OTR Publications, Centreville

GORDON, J. R.: The Pug. Cox & Wymon Ltd., London

GRAHAM WEALL, S.: The Pug. Popular Dogs Publisbing Co., London

THOMAS, S.: The New Pug. Howell Book House, New York

TRULLINGER, J. W.: The Complete Pug. Howeh Book House, New York

WOLF, E.: Your Pug. Denlinger, Fairfax, USA

ZIEGLER SPIERER, L.: This is the Pug. T.F.H. Publications, Jersey City (NJ). USA

Französisch

PERAU, G.-L.: Le secret des Mopses. L'Ordre des Franc Maçons. Slatkine Reprints, Genf-Paris

SIMONE: Le Carlin. Editions De Vecchi S. A., Paris

Lese- und Bilderbücher über den Mops

ARTL, I. M.: Der Mops Othello Carl Überreuter, Wien

ECKARDT, E.: Der Mops von Bornholm. Insel Verlag, Frankfurt/M.

HAUCKE, G.: Mops und Moritz. Rowohlt Taschenbuchverlag, Hamburg

KERNMAYER, G.: Ich und mein Mops. Schneider Verlag, München-Wien

KERNMAYER, G.: Mein Mops ist der Größte. Schneider Verlag, München-Wien

KNOBLOCH, H.: Butzemann, der Mops des Herzogs von Württemberg. Eduard Wancura Verlag, Wien-Stuttgart

KOLARZ, U.: Das Mops-ABC. Gerstenberg Verlag, Hildesheim

KRÜSS, J. u. MEIER-ALBERTS, E.: Ein kleiner Mops mit Namen Meier. Boje Verlag, Stuttgart

LORIOT: Möpse und Menschen. Diogenes Verlag, Zürich

Miez und Mops, zwei tierische Freunde. Das Buch zum Film. Schneider Verlag, München-Wien

OHLENDORFF, K. u. SKARBINA, H.: Möpschen hat Zahnschmerzen. Stalling Verlag, Oldenburg

STOFFEL, B.: Das Möpschen und der Kleidermacher. Erlen Verlag, Gelsenkirchen

ZGANIACZ, W. u. NICKEL, J.: Möpse, Eier, Golf. Zeitweise zeitkritisch. Christians Verlag, Hamburg

WINCKELMANN, E.: Das Mops Buch. Bede Verlag